スイス

事務能力検査

TAC事務能力検査研究会

はじめに

そろそろ就職を考えなければ――まだまだ大学生活をエンジョイしたいのに．これから展開される厳しい就職戦線のことを考えると気が重くなって――学生さんの大半がこんな気持ちを味わっているのではないかと思います。また，転職して事務職でキャリアアップしたいと思っている方も多いことでしょう。

しかし，気分を一新しましょう。これからが人生の本番。自らの道をこれから選択できるのです。

とはいえ，就職・転職するには試験という関門があります。試験には客観知識を試す一般教養試験と，人物試験ともいわれる面接試験があることは御承知のことと思います。この２種の試験によって皆さん方は，企業からセレクトされるわけです。

ところが近年，一般教養試験のほかに「事務能力検査」なるものを実施する会社がふえてきました。事務能力検査とは，一般教養試験と適性検査とを包含したものであり，事務職としての仕事を全うするだけの能力があるかどうかをみるものです。単に知識を豊富に持っている人間だけでなく，知識をさまざまな場面で適用する適応能力を併せ持った人間が求められている，ということでしょう。

本書はそうした企業のニーズを知った皆さん方の先輩から要望されて誕生しました。

この検査には，問題を要領よく解くコツ，といったものは特にありません。指定された時間を測定し，かつ問題になれることが先決でしょう。

試験の傾向をつかみ，自分が会社から何を求められているのかを考えるためにも，本書が手引としてお役に立てば幸いです。

事務能力検査研究会

目　　次

PART 1 入門編

PART 2 基礎編

PART 3 演 習 編

PART 1
入 門 編

- 就職試験を前にして
- 企業における業務機構
- 事務職の性質と内容
- 事務能力とは
- 本書の内容と検査結果例

1 就職試験を前にして

職選び――具体的には会社選び――をするとき，まず最初に考えるのはどういうことでしょうか。恐らく，数多くの就職・転職情報や企業情報を収集しつつも，「自分に合った仕事とは何だろう。」ということだと思います。自分の能力，性格，関心に合った仕事，つまり「適性」という問題です。

では，自分は一体何をしたいのか。就職することの目的は何なのか。単に企業の規模や外見，給与の面からだけでなく，仕事そのものの意義とかやりがいという面からみてどうなのか。学業を終えようとする段階で適性のみでなく，自分のライフサイクルをも考えてみることは決して無駄ではないでしょう。

しかし，こと就職試験に関しては，どんな意味においても結局はこちらが会社を選ぶことができるのは入社試験までであり，試験場に一歩足を踏み入れたなら皆さんは選ばれる側になるのです。

就職試験で実際にあった話を２例ほどあげてみましょう。

ある商社の食糧部門を受けた学生がいました。彼は，企業の活動を通して世界の飢えに苦しむ人びとを救済したい，と真剣に考えていました。そこで志望動機を聞かれたとき，胸を張ってその旨を答えました。すると面接官に，「うちは青年海外協力隊じゃないんだよ。」と一笑に付されたそうです。

また，大学で化学を学んだある学生は製薬会社を受験し，「今まで大学で積み上げてきた研究を，社会という実地の場で完成させたい。」と述べて，担当者に「君は大学院にでも行った方がいい。」と言われたそうです。

つまり，企業とは営利を目的とした組織であり，社会福祉事業を営んでいるわけではない。ましてや研究者を養成する研究所ではないのです。いかに熱意をもっていても，企業にプラスになる人間でなくては困るのです。与えられた仕事を十二分にこなし，かつ企業の目的に向かって邁進できる人物――企業側の望む「適性」をそなえた人物が待たれているのです。

この企業の求める適性の基礎となるのは，協調性，積極性，明るさなどの人間性，そして具体的には仕事を処理してゆける学力面での能力，ということになりましょう。自分の適性とこの会社の望む適性が合致することが理想ですが，適性は自分で作りあげるもの，とも言われます。とにかく，恐れることなく自分の可能性に向かって果敢に挑戦するほかはないのかもしれません。

2　企業における業務機構

企業が人材を募集する場合，企業側のキャリア・プランというものに基づいて応募者の適性をみます。その観点は「一般事務職を」「営業補佐と事務を」「臨機応変に仕事に対処できる人を」などといった，具体的なものです。

では一体，企業にはどのような業務機構があるのでしょうか。参考までに，企業の主な業務規程（管理統制上必要な業務手続きの基本に関する事項および就業関係について定めたもの）を掲げます。

(1)　管理業務の規程

企画業務，期間計画業務，組織業務，稟議，関係会社管理

(2)　総務関係の規程

文書取扱，文書作成，文書整理保存，帳票管理，文書複写，事務用品管理，図書管理，社報発行，寄付・賛助，外来者取扱，火災予防

(3)　財務関係の規程

資金調達・運用，株式事務取扱，社債事務取扱，投資事務取扱，金銭出納

(4)　人事関係の規程

職階制，人事・人事考課，資格考課，表彰・懲戒，従業員教育・訓練，提案，苦情処理

⑸　労務関係の規定

就業，賃金，退職金，年金，旅費，当宿直，休暇，安全，衛生，受診，厚生施設利用，慶弔見舞金支給，社宅・寮管理，住宅，資金等貸付，被服等貸与，社会保障業務

⑹　設備関係の規程

設備管理・工事，固定資産管理，設備保全

⑺　資材関係の規程

資材購買，資材倉庫，外注（下請）管理

⑻　生産関係の規程

製造（工程）管理，技術管理，品質管理，操業（運転），製品検査，計量管理，熱管理

⑼　販売関係の規程

市場調査，製品計画，広告宣伝，販売促進，販売，製品倉庫，サービス

⑽　会計関係の規程

会計通則，資金収支会計，購買会計，販売会計，棚卸資産会計，原価会計，固定資産会計，従業員預金，本支店会計，決算・税務

3　事務職の性質と内容

一口に「事務職」とはいっても，所属する部課によって仕事の内容はさまざまです。とはいえ，事務が第一線で働く営業マンやエンジニアたちを支えるバックオフィスであること，情報を集中し管理する企業の中心であること，はいずれの部や課においても変わりはないでしょう。

また，事務作業という点からみた場合，どの業務にも見られる共通点を取り出すと，⑴記録　⑵整理　⑶計算　⑷作表　の４つになるといわれています。これら４つの作業要素を組み合わせると，次のような具体的なプロセスが考えられます。

⑴　各部門の業務職からの報告，あるいは社外からの情報を受ける受信の作業。(例；社外からの電話注文など)
⑵　情報を所定の形式に従ってただちに記録する作業。(例；注文に基づいた伝票発行など)
⑶　個々に記録した情報を一定の様式に従い仕分けし整理する作業。(例;伝票の控を取引先別，地域別，アイウエオ順など何種類かのファイルに書き加えるなど)
⑷　整理して資料化した情報をきめられた期間保存しておく作業。(例；伝票を決算期および法定年数まで保存しておくなど)
⑸　保存した資料をいつでも誰でも活用できるように一定の場所に保管する，という管理の作業。(例；伝票控をいつ誰が参照したか，もとにもどしたか，のチェックなど)
⑹　業務推進のために資料を十二分に活用可能な形にする，作表の作業。(例；毎月の売上げの集計を表やグラフにして販売促進に活用する，請求書を発行する，など)
⑺　不要になった書類を廃棄する作業。(例；取引のなくなった企業を帳簿から抹消する，保存期間経過分の請求書を廃棄する，など)

このような一貫した作業を円滑に進めるところに，個々の事務職の力が発揮されるのです。

4　事務能力とは

「事務は誰にでもできる単純作業だ。」と思われがちです。しかし，オフィスの中には「事務の神様」と呼びたくなるような実務能力にたけたベテランもいる一方で，長年事務に従事しながらも「私は事務オンチだ。」と悩んでいる人も見ます。事務能力が云々される根拠がここにあります。

能力という点からみれば，⑴書類関係を扱うデスクワーク　⑵社内外の人と接する渉外事務　の2種の能力が事務に必要とされるでしょう。では，具体的にどのような能力が求められているのでしょうか。

その基本となるものを次にみてみましょう。

⑴ **文字力がある**——常識とされる漢字の書き取り，読みができることは最低限必要です。

⑵ **計算力がある**——事務に計算はつきものです。

⑶ **文字や数字を速くきれいに書くことができる**——電話を受けながら書きぬいたメモがそのまま社内で活用されるくらいの水準が必要です。

⑷ **物事に対する態度が慎重である**——事務作業にミスは許されません。数字記入などの際，おっくうがらずに資料にあたって確認するこまめな態度が必要です。

⑸ **資料を仕分けし整理する能力がある**——資料の整理の仕方によって，きめ細かい業務が可能になります。

⑹ **自分の考えを的確に表現する思考力・言語能力，および他人の主張を理解する推理力がある**——仕事における伝達方式は言語によるものが大部分です。広い意味での言語能力が必要です。

⑺ **どのような事態に遭っても臨機に応ずる能力がある**——不測の事態が起きたとき，事務課の処置によって収拾がつけられるケースが多いのが実状です。

⑻ **会社の業務について秘密を守る意志力がある**——事務は会社にとって情報のセンターです。事務所内のことを口外しないのは常識といえます。

⑼ **同僚と協調して仕事を推進することができる**——チームワークがないと，事務は機能しません。

⑽ **公私の区別ができる**——無駄が生ずれば事務の流れはストップします。私用電話などをしないのは常識です。

事務能力として最低求められている事柄を列記しましたが，さらに進むと経営感覚まで求められるというように，事務とは企業の中心になる職務なのです。

5　本書の内容と検査結果例

企業では，基礎能力をそなえ，しかも即戦力となりうる人物を求める方法として，事務能力検査をあみ出しました。本書は，これらの検査をもとに作成したものです。主な検査について，そのポイントとなるものを次に記しますので，参考にしてください。

運動能力検査	手先の器用さをみる，スピードと正確さ。
注意力検査	注意力の有無をみる，対象を正しく見きわめる。
計算能力検査	計算能力および量を直観的に把握する力をみる。数系列検査は，量の変化の法則性を捉える論理能力もみる。
言語能力検査	言語の基礎知識，言語を駆使するための思考力をみる。
推理・思考能力検査	物事の理解と推理思考ができるかどうかという意味での柔軟性をみる。
照合能力検査	高度の注意力検査。煩雑なデータから必要なものを瞬時に判別して取り出す能力をみる。
置換能力検査	一貫した流れの中で個々の情報の変化にどれだけ対処できるか。機敏性・順応性をみる。
分類能力検査	錯綜した大量の情報を分析し，ニーズに応じて分類する能力をみる。

さらに，事務は完璧さを旨とする業務であるため，各検査を実施するにあたって問題をとばさず1題1題順序通りに解いていくことも，評価の対象となります。したがって，検査結果においては誤答の数が一定の意味をもつと考えて，減点法を基礎に置いた採点法をとっています。

次頁のヒストグラムは東京近辺に在住の18歳から24歳までの男子学生と女子学生（高校生・専修学校生・短大生・大学生）86名を対象に検査を行った結果を度数分布表に整理してグラフ化したものです。自己検査とこのヒストグラムを比べ，1つの指標として役立てて下さい。（図中に示した平均点（$\overline{x}$）は，小数点以下を四捨五入したものです。）

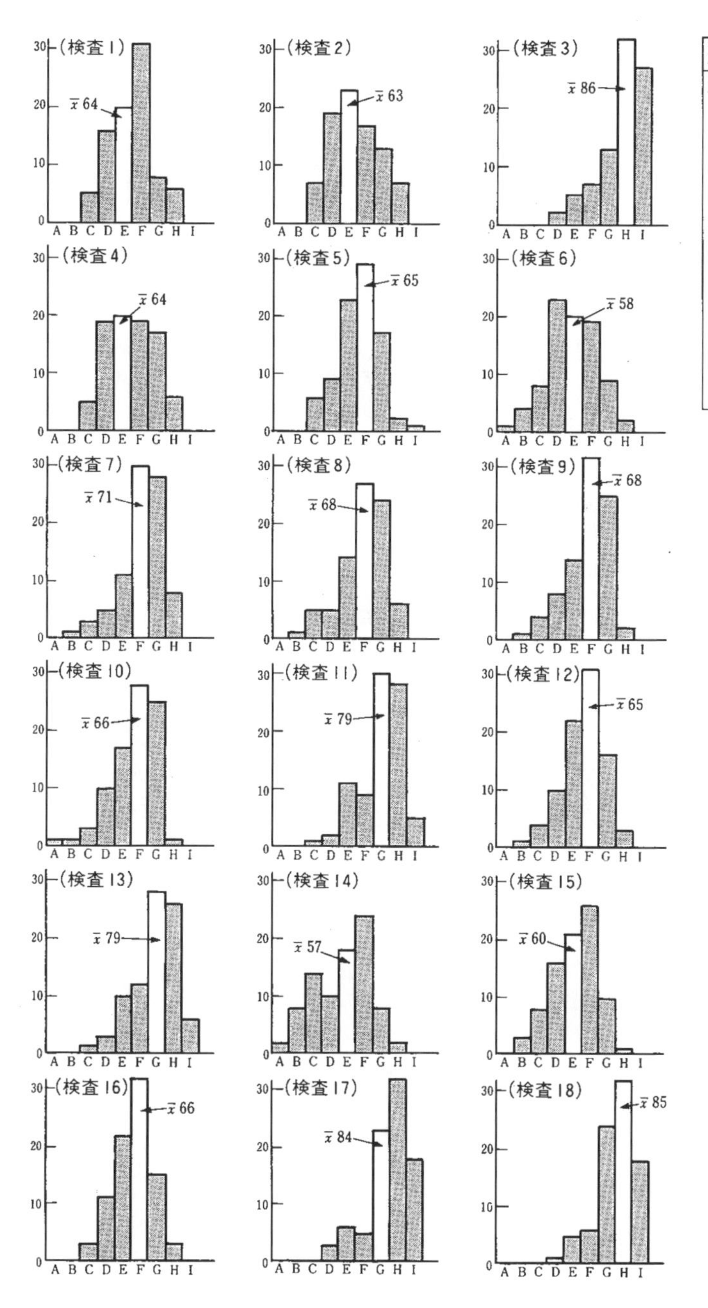

縦軸：人数
横軸：得点
A＝15〜24
B＝25〜34
C＝35〜44
D＝45〜54
E＝55〜64
F＝65〜74
G＝75〜84
H＝85〜94
I＝95以上

縦軸：人数
横軸：得点
A＝15～24
B＝25～34
C＝35～44
D＝45～54
E＝55～64
F＝65～74
G＝75～84
H＝85～94
I＝95以上

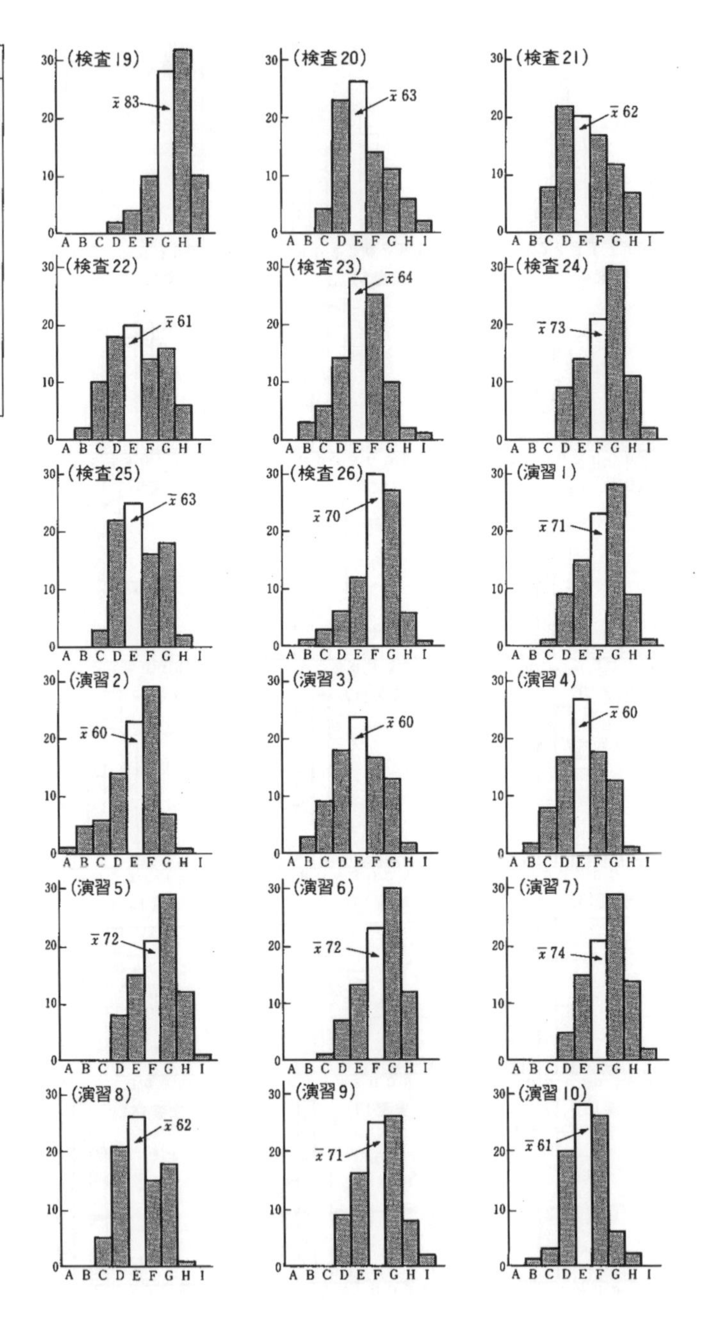

PART 2
基　礎　編

- 各検査の冒頭のページは，検査例とその説明ですので，熟読し慣れてから次のページへと進んで下さい。
- 指定検査時間をお守り下さい。
- 正解は各検査の末尾にあります。必ず解答の照合をして下さい。
- 自己採点が可能な検査については，次の公式を用いて採点を試みて下さい。

$$点数=\frac{正答数-誤答数}{問題数}\times 100$$

（例）全問70題のうち50番まで解答し，正答45題，誤答5題の場合，

$$\frac{45-25}{70}\times 100 \fallingdotseq 29(点)$$

となります。（とばした問題数は誤答数に加えます）

検査1 打点速度

次のわく内に，例にしたがって左から順に点を打ちなさい。

(例)

7

14

21

28

35

Guide この検査は，**運動能力**をみるものです。定められた時間内に，定められた数の点を左から順に打っていくという簡単な作業ですが，点がわくからはみ出したり，点を打たずに飛ばしたりすると減点の対象になります。事務職が完全さを求められる所以です。作業に当たっては，手首を浮かせて自由自在に動かせるようにすること，また落ちついて1つずつわくを埋めていくように心がけることが大切です。

[検査時間　3分]

						7
						14
						21
						28
						35
						42
						49
						56
						63
						70

						77
						84
						91
						98
						105
						112
						119
						126
						133
						140

147

154

161

168

175

182

189

196

203

210

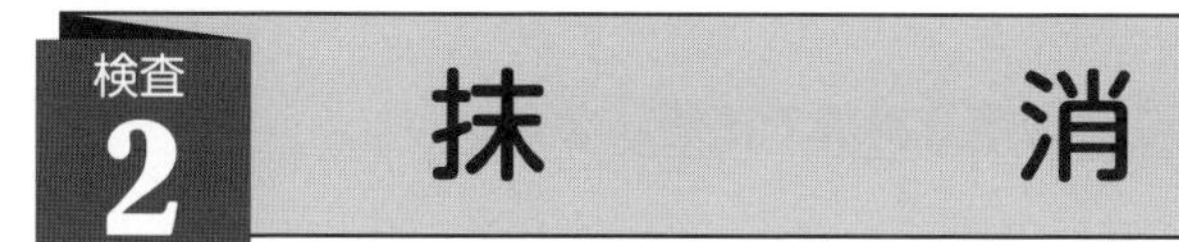

3，5，8，0の数字を斜線で抹消しなさい。

⑷例	7	~~3~~	9	~~0~~	~~3~~	4	~~8~~	~~5~~	6	9	2	~~3~~
	3	5	7	8	2	1	6	5	9	7	4	3
	5	9	0	1	3	5	4	4	2	3	6	0
	8	4	5	3	6	2	7	1	0	2	5	9
	4	9	7	4	6	1	5	3	6	9	8	2
	6	2	0	7	7	9	0	2	8	5	7	4
	1	8	6	9	3	4	2	4	6	8	6	7
	2	3	5	8	6	5	1	0	3	7	7	5
	0	5	7	3	8	6	5	2	1	6	3	4
	5	8	4	1	3	9	8	6	4	9	8	6
	3	9	6	7	5	2	4	7	0	5	3	3
	9	8	2	0	1	5	8	3	4	7	2	5
	4	1	3	2	4	7	1	8	5	3	6	2
	7	2	6	7	0	2	5	1	1	8	2	7
	3	2	5	6	3	9	3	0	2	9	8	8
	5	4	1	8	7	3	7	3	4	2	9	0
	2	8	4	1	5	0	2	5	9	8	3	1
	3	7	6	3	8	6	9	1	0	7	4	3

Guide 上問は**注意力および運動能力**をみます。この検査は，指定された数字を斜線で抹消していくものですが，他に，カタカナ，ひらがなが検査として行われています。作業においては，当たり前のことですが，指定された数字，文字を記憶し，リズムに乗せて抹消していくことにつきるでしょう。何回も試すことによって，自分なりのリズムをぜひつかんで下さい。指定の数字，文字を交換するのも１つの方法です。正解は練習問題を含め省略します。

〔検査時間　3分〕

⑴　2，4，7，9の数字を斜線で抹消しなさい。

1　3　3　9　2　6　4　5　2　1　8　5

6　4　5　8　7　2　3　6　0　5　3　1

7　7　1　9　8　0　1　3　4　2　5　6

2　6　3　1　2　8　8　5　3　3　9　7

3　4　7　2　6　4　6　3　2　5　1　2

8　2　4　3　3　7　5　1　1　9　6　6

4　9　8　5　2　6　6　3　7　4　8　2

5　6　4　1　7　2　2　8　3　7　7　9

0　2　5　3　0　9　3　5　2　1　4　6

9　9　2　7　1　1　7　3　0　6　8　4

8　7　4　9　4　5　3　9　8　4　2　8

2　6　9　0　3　8　7　7　4　3　5　5

1　3　3　4　5　6　2　9　8　2　4　0

6　5　8　1　3　0　2　0　7　2　3　1

2　1　4　6　5　1　3　2　4　5　8　2

5　4　6　9　9　2　7　3　2　3　4　8

8　6　3　5　7　1　2　2　8　9　8　7

4　9　6　6　0　9　7　2　6　3　8　9

6　2　1　3　7　2　5　3　4　1　4　3

7　5　2　8　1　6　6　7　9　2　5　0

3　2　4　6　8　2　7　3　1　7　8　6

2　1　7　9　6　0　8　4　5　2　5　8

5　3　4　8　1　8　3　3　4　2　9　2

7　6　4　3　9　9　4　2　2　8　2　6

4　5　1　9　6　3　5　7　8　9　6　3

1　2　3　6　9　4　4　8　3　7　2　8

2　0　7　4　6　7　6　2　5　3　5　9

8　5　1　2　7　4　8　9　6　2　4　3

⑵ タ，キ，イ，ヨ，サ，トの文字を斜線で抹消しなさい。

ツ ネ ヨ リ コ ト ニ キ コ ユ ル モ
ハ キ イ ト タ カ キ ヲ ノ コ サ ラ
ヨ ト ノ ワ タ リ ト イ フ モ ノ ヲ
サ シ カ ハ モ キ ノ ネ ハ サ ラ ナ
キ ヨ ケ ナ ル タ テ フ ト モ タ セ
セ メ テ シ ホ リ イ テ テ キ コ ユ
マ タ シ ス サ ウ タ ナ ト オ ヨ ヒ
ウ シ サ ヒ ト イ キ ヘ ク ト チ ウ
サ シ ヌ キ オ カ シ ナ イ ト ヒ ト
シ イ ヒ タ ル ツ ユ ヨ ロ ツ カ タ
ミ ニ イ ラ ヘ ナ ト ス ル ホ ト ニ
カ サ ル モ ノ ノ サ マ コ ト ヨ リ
マ ケ ニ タ ノ モ シ カ ラ ス コ レ
チ コ サ テ イ ク ニ ヨ キ イ エ ニ
サ ウ ソ ク フ ク イ カ ナ ル ホ ト
サ ク ノ イ ト キ チ ヨ ウ テ オ サ
ア リ ミ ツ タ タ ア ユ ミ ア リ ト
イ ケ ナ キ モ ノ オ サ タ ル ハ ラ
ソ レ ノ タ チ サ マ ヨ フ ト ヒ ア
マ イ テ メ テ タ キ ヒ ト マ ロ イ
サ ル サ ナ ニ フ ラ ム ハ ル イ ミ
キ タ ム ラ サ キ ニ サ キ タ ル ハ
ク ナ ヒ ハ ア モ フ イ ニ ヒ ト タ
コ キ モ ア ハ キ ヨ ナ ヒ ラ ヨ ノ
ウ チ サ ス ミ コ ヨ ト ロ キ メ シ
ツ イ タ レ オ モ フ ホ ト ト オ ク
ノ ト ヤ カ ホ ソ タ テ ワ レ マ ス
イ ソ ス ミ レ イ ネ フ リ サ エ ア
コ キ ン テ サ シ ヨ ウ キ ト ア リ

⑶　つ，た，は，ふ，か，いの文字を斜線で抹消しなさい。

き た い の し た に み え る ふ ゆ
ち は ん く は ひ か し の か た と
こ う ふ く と は た く え つ せ い
か い ら く の し つ の さ と は な
ほ つ す る と き に ふ は い す る
わ た く し は も う は つ き り と
つ め た か こ う た く を も つ は
せ い あ る も の は ふ な ね は な
は れ す ふ な の せ い ち し ゆ ん
つ き そ い を つ け さ せ て か れ
ふ し ん さ つ し て ん て ひ と さ
れ も ん い え ろ う の ほ う か い
た の な か か わ か り か は た し
ふ る い と い わ れ よ う と し ふ
か た ち と て も ふ と は も に す
ゆ め よ り は か な い よ の な か
い ま は む か し お も つ て も ん
ゆ く か わ は な か れ た つ か に
つ ね は と お つ て つ め た い か
な に と な く く ろ か み の あ ふ
こ の む し か そ の ふ き み と は
お よ き も て き ま つ す く に と
し ん り は も う ひ か り つ は な
り せ い の か か わ る と こ ろ の
し ふ く は し こ を ち か ら つ よ
よ か も の を し よ せ い わ る い
つ た へ き く こ そ こ こ ろ も こ
は つ め い や し ん ほ ふ ん か や
き ん か く は わ た し の て の う

検査3 図形弁別

左端の図形と同じものを右側の図形から選び，その記号を解答欄に書きなさい。なお，向きを変えた図形も含まれています。

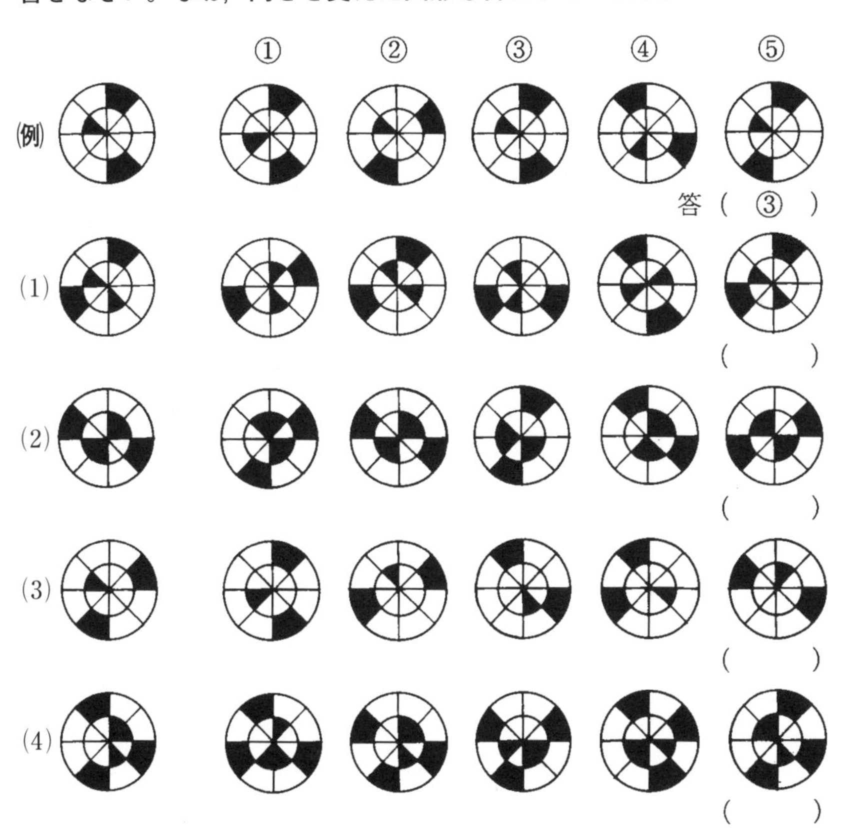

Guide 上問は，あなたの**注意力**をみる検査です。より速く，誤りなく弁別できることが望まれます。このような図形の場合は，空間，すなわち黒く塗りつぶしてある図形の間隔を把握することが解法のポイントになります。なお，(3)，(4)は図形が回転しています。**正解**は(1)―⑤ (2)―② (3)―① (4)―③

[検査時間　4分]

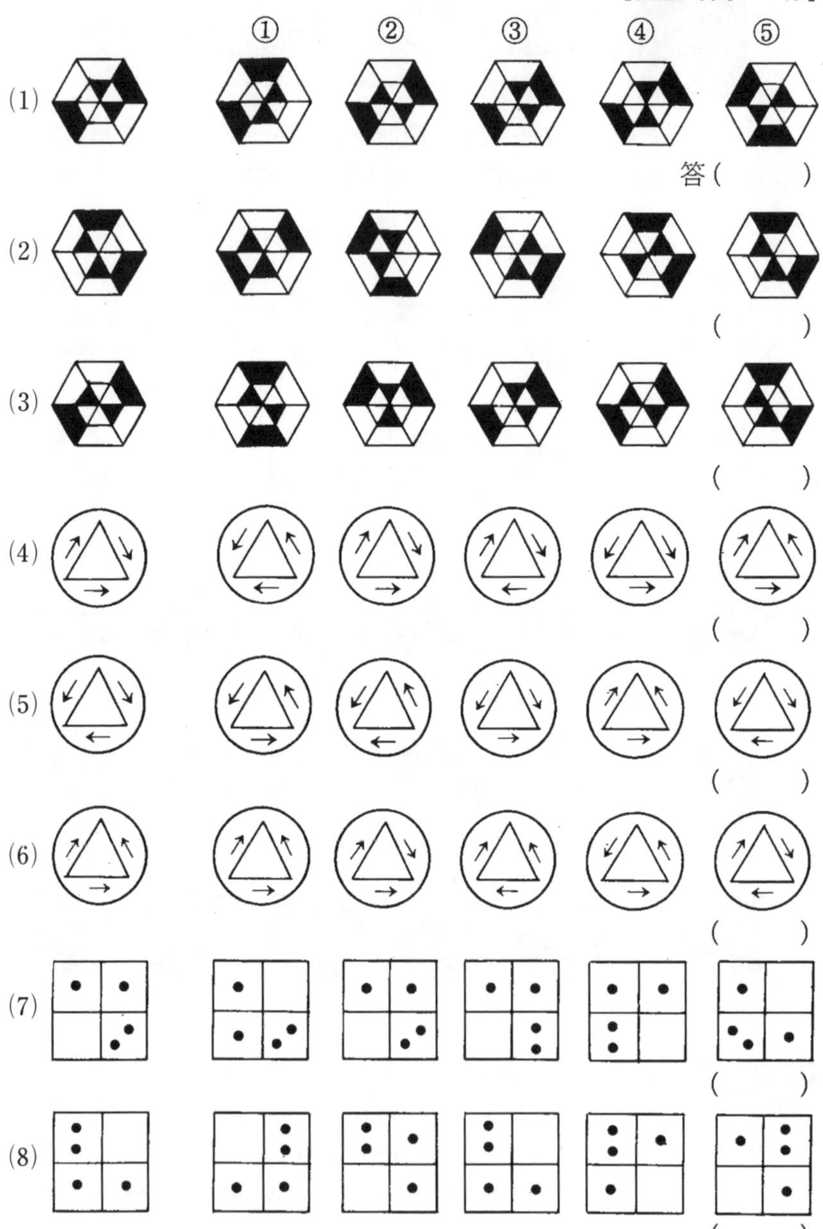

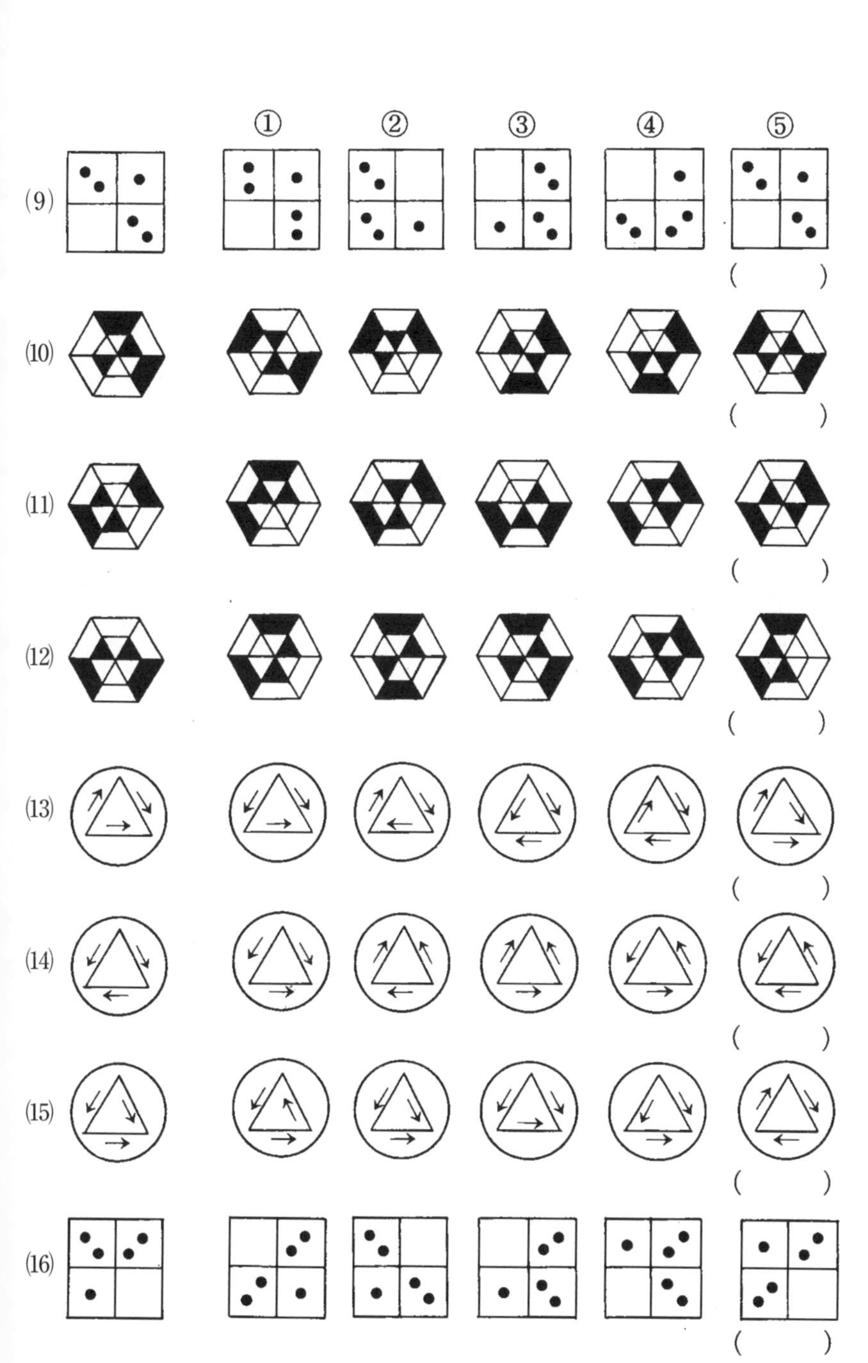
①
②
③
④
⑤
(9)
(10)
(11)
(12)
(13)
(14)
(15)
(16)
(　　)

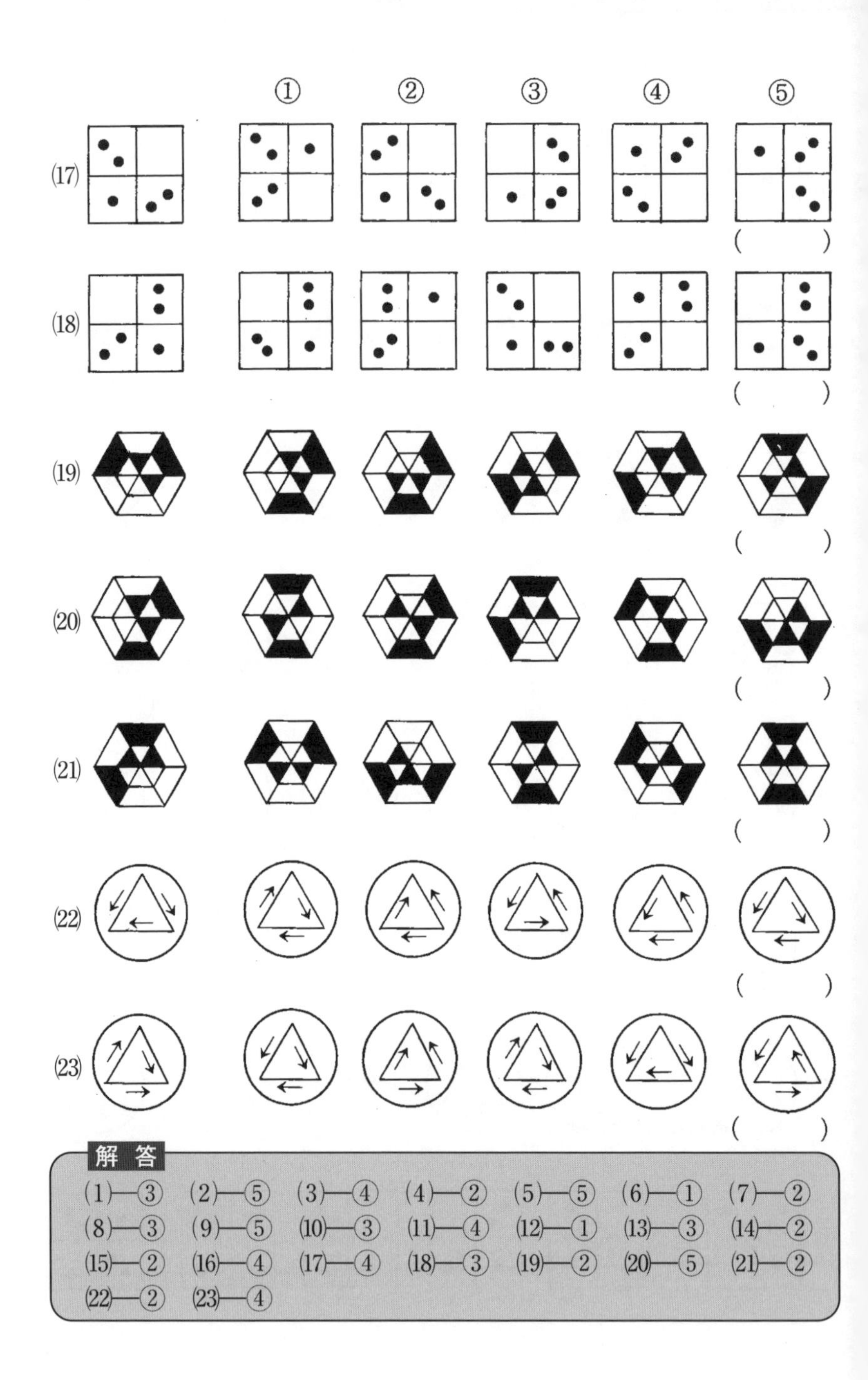

解答

(1)—③　(2)—⑤　(3)—④　(4)—②　(5)—⑤　(6)—①　(7)—②
(8)—③　(9)—⑤　(10)—③　(11)—④　(12)—①　(13)—③　(14)—②
(15)—②　(16)—④　(17)—④　(18)—③　(19)—②　(20)—⑤　(21)—②
(22)—②　(23)—④

検査4 図形分割

右側の図形は，左側の図形を線のように切断したものだが，1つだけ余分なものがあります。その番号を（　　）の中に記入しなさい。

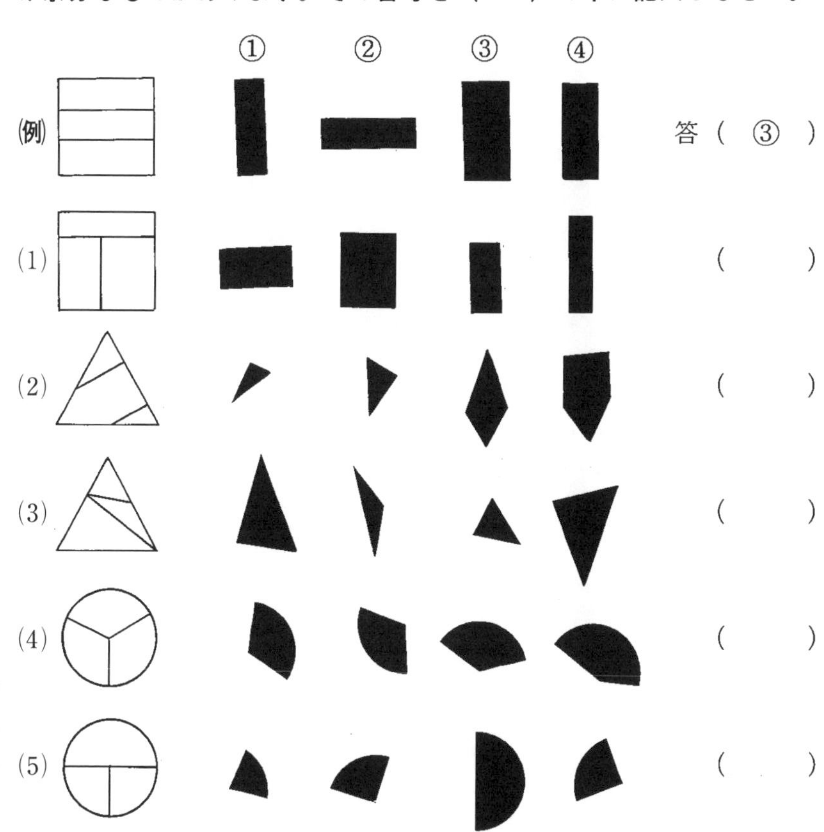

Guide 上問は**注意力・図形判断能力**をみる検査です。左側の図形における切断面の特徴を把握してから，右側の分割図に目を移すのが順当でしょう。(例)の図形は等分に分割されていることを念頭におきますが，切り口の角度に迷わされる場合もあるので要注意！

正解は(1)―③　(2)―③　(3)―④　(4)―④　(5)―①

[検査時間　2分]

	①	②	③	④	答
(1)					(　　)
(2)					(　　)
(3)					(　　)
(4)					(　　)
(5)					(　　)
(6)					(　　)
(7)					(　　)
(8)					(　　)
(9)					(　　)

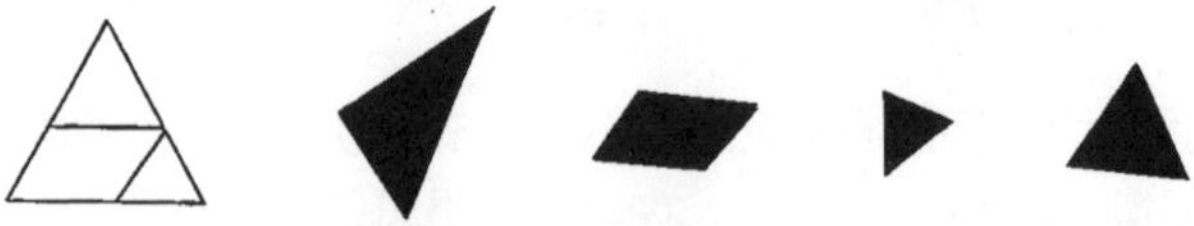

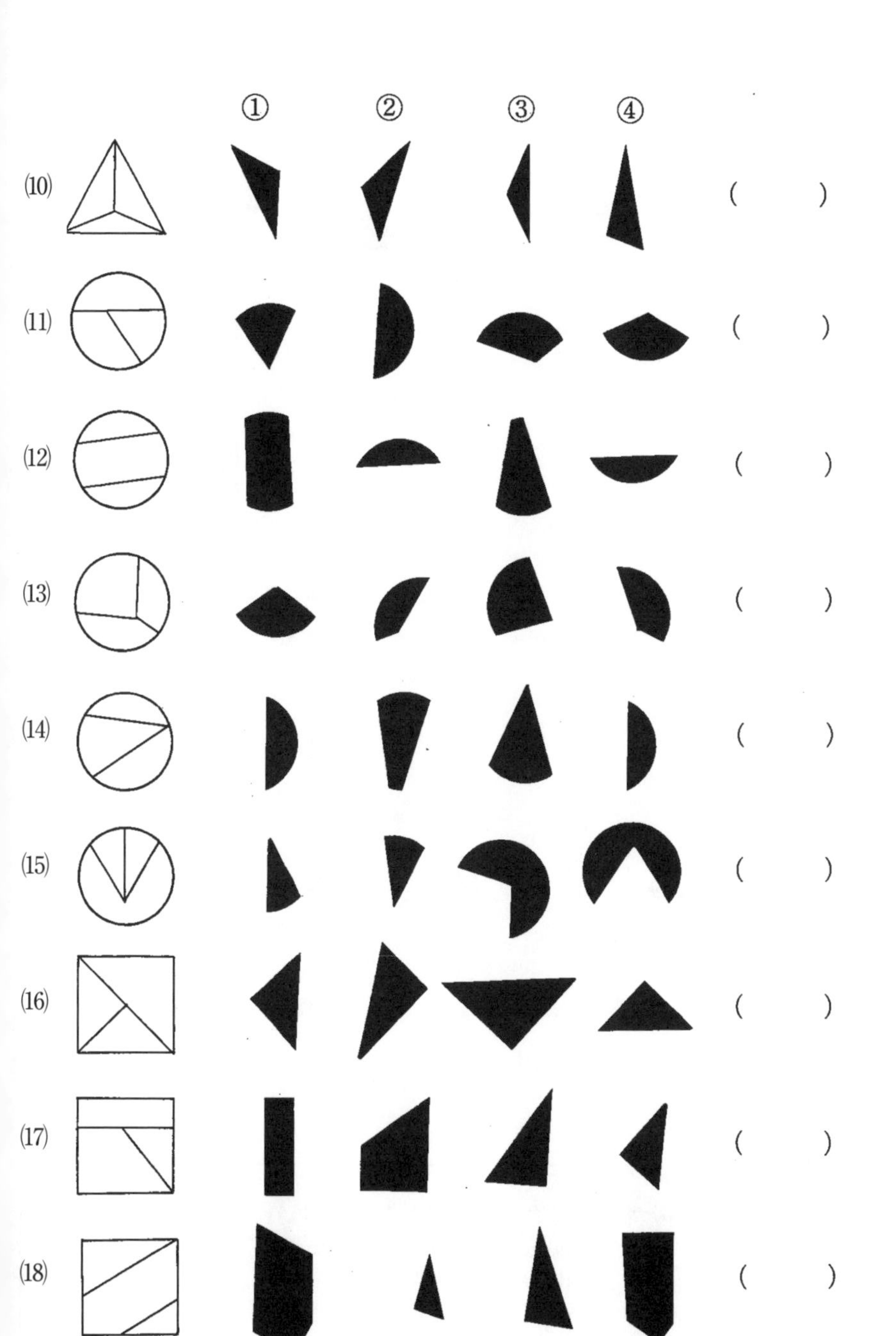
①
②
③
④
(10)
(11)
(12)
(13)
(14)
(15)
(16)
(17)
(18)
(　　)

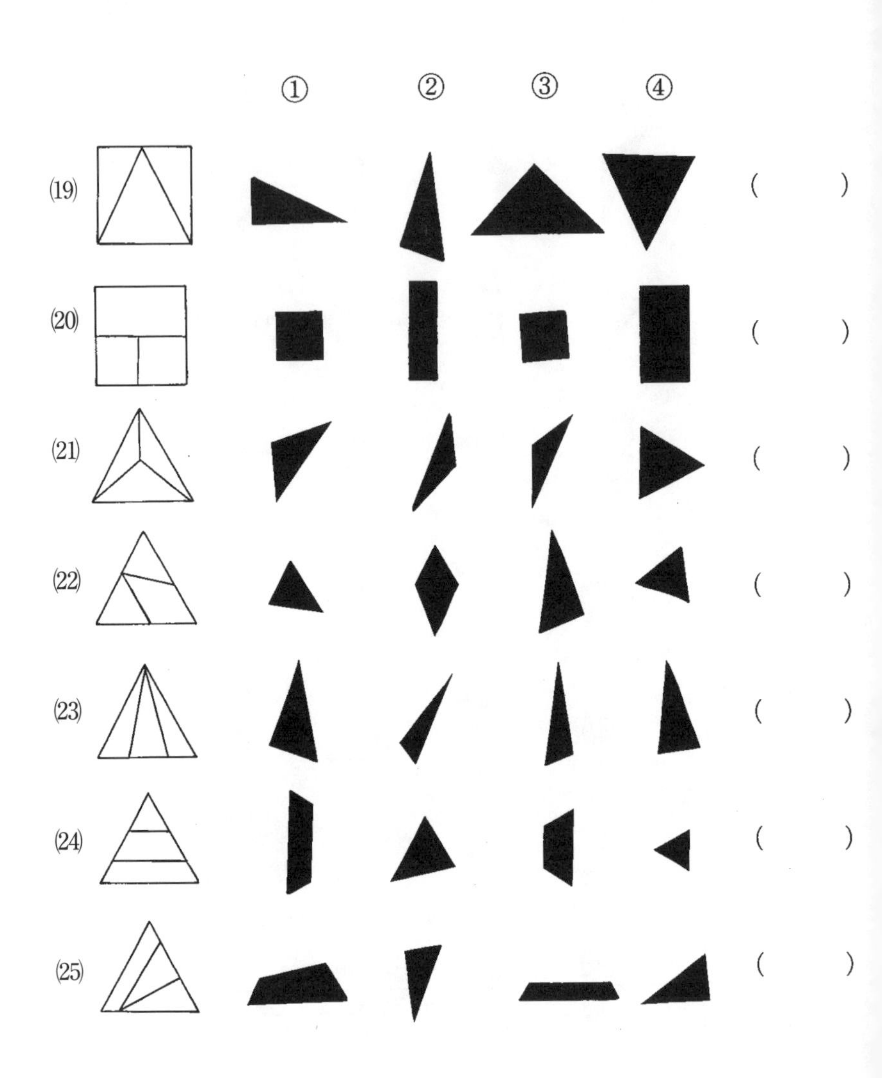

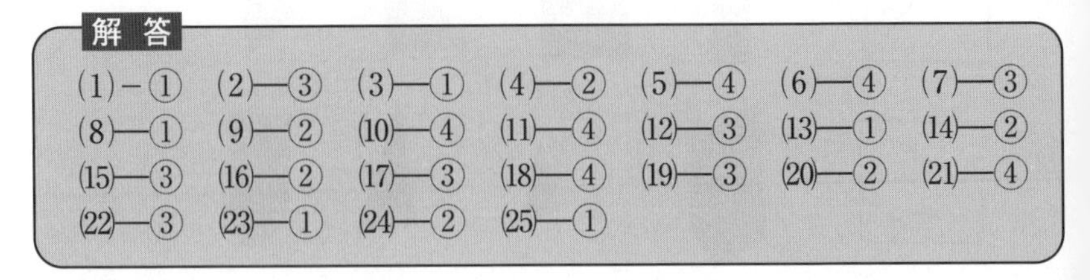

解答

(1)－①　(2)―③　(3)―①　(4)―②　(5)―④　(6)―④　(7)―③
(8)―①　(9)―②　(10)―④　(11)―④　(12)―③　(13)―①　(14)―②
(15)―③　(16)―②　(17)―③　(18)―④　(19)―③　(20)―②　(21)―④
(22)―③　(23)―①　(24)―②　(25)―①

並んでいる数字を各列ごとに暗算で加算し，答を解答欄に記入しなさい。なお，覚え書きは禁止します。

(例)	2	6	5								答（ 13 ）
(1)	5	8	4	3	7						（　　）
(2)	4	2	5	9	6	3					（　　）
(3)	1	8	2	5	4						（　　）
(4)	3	9	7	6	8	5	2	4			（　　）
(5)	7	6	8	1	1	5					（　　）
(6)	9	1	7	2	6	8	4	3	5		（　　）
(7)	3	7	8	1	5						（　　）
(8)	7	6	9	1	5	7	4	8	1	2	（　　）
(9)	5	8	3	9	7	7	5	1	6	2	（　　）
(10)	1	8	3	7	2	8	5	9	4		（　　）
(11)	9	5	8	7	4	1	8	6			（　　）
(12)	6	6	7	7	8	8	9	9			（　　）
(13)	1	2	3	4	5	6	7	8	9		（　　）
(14)	3	3	3	9	9	9	5	5	5	4	（　　）

Guide 上問は**速算力**をみる検査です。正確さとスピードが求められます。7+5，8+6，などのような1けたの2数を組み合わせた繰り上がりのある計算パターンに慣れること，また，(12)，(13)，(14)のように数字が規則的に並んでいる場合には，効率よい計算方法を工夫するのも一策です。(例)：(12)　$(6+7+8+9)\times 2$

(13)　$(1+9)+(2+8)+(3+7)+(4+6)+5=10\times 4+5$

(14)　$(3+9+5)\times 3+4$　**正解**は(1) 27　(2) 29　(3) 20　(4) 44　(5) 28　(6) 45　(7) 24　(8) 50　(9) 53　(10) 47　(11) 48　(12) 60　(13) 45　(14) 55

[検査時間　9 分]

(1)	4	5	8	7	6	5	9	8			答（　　）
(2)	7	1	9	8	1	5	3	1	6	4	（　　）
(3)	7	1	3	8	1	3	9	1	3		（　　）
(4)	3	3	7	8	4	4	9	1			（　　）
(5)	1	9	8	3	5	2	6				（　　）
(6)	7	8	5	7	9	1	6				（　　）
(7)	2	2	1	3	1	1	2				（　　）
(8)	7	8	9	8	7	6	5	4	3	2	（　　）
(9)	9	1	8	3	6	6	5	8	1	9	（　　）
(10)	6	5	1	2	8	9	9	1	5	5	（　　）
(11)	8	2	9	8	5	3	3	6			（　　）
(12)	6	6	5	8	7	3	9	9			（　　）
(13)	2	1	5	7	9	9	8	7	7	1	（　　）
(14)	6	5	7	8	3	5	7	9	6	9	（　　）
(15)	8	7	7	6	3	1	5	4			（　　）
(16)	1	7	9	8	2	5	7	9	3	8	（　　）
(17)	7	6	9	1	8	1	2	5			（　　）
(18)	1	1	8	8	6	5	9	7			（　　）
(19)	5	6	5	6	3	5	3	3	6		（　　）
(20)	4	4	7	8	6	5	7	6	9		（　　）
(21)	9	9	7	7	8	9	1	5			（　　）
(22)	3	1	1	3	1	2					（　　）
(23)	1	1	4	7	5	1	6	2	2		（　　）
(24)	6	5	9	3	8	7	1				（　　）
(25)	7	1	3	3	4	8	9				（　　）
(26)	4	2	2	5	5	9	7	9			（　　）
(27)	1	1	9	8	4	2	2	3			（　　）
(28)	2	6	9	3	2						（　　）
(29)	2	7	9	4	9	5					（　　）

(30) 4 4 9 3 3 4 7 5 5 (　　)
(31) 8 2 8 9 3 8 7 (　　)
(32) 2 3 8 2 4 1 2 4 5 (　　)
(33) 2 9 4 8 4 1 1 (　　)
(34) 8 1 4 2 9 1 (　　)
(35) 4 4 9 8 8 4 9 4 1 (　　)
(36) 4 2 7 2 3 7 6 9 (　　)
(37) 4 7 3 3 2 7 2 3 (　　)
(38) 8 1 2 7 1 1 1 (　　)
(39) 2 6 4 9 7 5 7 (　　)
(40) 2 6 3 2 5 1 (　　)
(41) 4 8 7 3 7 9 9 2 1 (　　)
(42) 2 7 6 7 4 9 2 1 8 (　　)
(43) 4 2 5 6 1 4 1 7 (　　)
(44) 9 6 4 6 2 7 2 (　　)
(45) 4 7 1 6 4 7 9 8 1 (　　)
(46) 4 8 9 2 3 2 7 (　　)
(47) 8 7 9 6 7 1 (　　)
(48) 9 1 1 4 3 2 4 (　　)
(49) 3 8 7 9 9 1 (　　)
(50) 4 7 3 3 3 9 7 5 (　　)
(51) 9 5 5 8 6 9 (　　)
(52) 7 2 4 6 3 8 7 (　　)
(53) 9 5 3 8 1 2 2 (　　)
(54) 6 3 3 1 8 7 7 (　　)
(55) 8 2 2 3 9 4 5 (　　)
(56) 4 4 9 2 2 2 1 1 (　　)
(57) 9 8 4 5 5 5 (　　)
(58) 4 2 3 2 4 7 8 4 (　　)
(59) 9 5 4 6 7 8 5 (　　)

(60) 4 2 4 2 1 7 4 3 5 (　　)
(61) 3 8 6 7 3 2 (　　)
(62) 3 1 1 5 1 5 (　　)
(63) 4 2 6 4 2 8 7 4 (　　)
(64) 3 1 6 3 2 2 9 (　　)
(65) 4 2 3 7 5 1 5 3 (　　)
(66) 8 1 5 6 1 5 7 (　　)
(67) 4 2 2 4 7 3 4 7 6 (　　)
(68) 3 9 2 2 2 1 1 (　　)
(69) 7 2 7 3 4 (　　)
(70) 2 9 9 4 6 2 3 5 (　　)

解答

(1) 52　(2) 45　(3) 36　(4) 39　(5) 34　(6) 43　(7) 12　(8) 59　(9) 56
(10) 51　(11) 44　(12) 53　(13) 56　(14) 65　(15) 41　(16) 59　(17) 39　(18) 45
(19) 42　(20) 56　(21) 55　(22) 11　(23) 29　(24) 39　(25) 35　(26) 43　(27) 30
(28) 22　(29) 36　(30) 44　(31) 45　(32) 31　(33) 29　(34) 25　(35) 51　(36) 40
(37) 31　(38) 21　(39) 40　(40) 19　(41) 50　(42) 46　(43) 30　(44) 36　(45) 47
(46) 35　(47) 38　(48) 24　(49) 37　(50) 41　(51) 42　(52) 37　(53) 30　(54) 35
(55) 33　(56) 25　(57) 36　(58) 34　(59) 44　(60) 32　(61) 29　(62) 16　(63) 37
(64) 26　(65) 30　(66) 33　(67) 39　(68) 20　(69) 23　(70) 40

検査 6

数系列

次の数列の規則を発見し，空欄に入る数字を考えて解答欄に記入しなさい。

(例)	1, 2, □, 4, 5, 6, □, 8	答（ 3 ）と（ 7 ）
(1)	2, □, 6, 8, 10, 12, □, 16	（　）と（　）
(2)	□, 12, 10, 8, 6, 4, □	（　）と（　）
(3)	2, 5, 8, □, 14, 17, □, 23	（　）と（　）
(4)	1, 2, 3, □, 7, 8, 11, □, 13	（　）と（　）
(5)	729, □, 81, □, 9, 3, 1	（　）と（　）
(6)	8, 9, □, 13, 16, 17, 20, □	（　）と（　）
(7)	1, 5, □, 2, 6, 10, □, 7, 11	（　）と（　）
(8)	2, 5, 4, □, □, 9, 8, 11	（　）と（　）
(9)	□, 100, 500, 300, □, 350, 375	（　）と（　）
(10)	2, 4, □, 16, 32, 64, □	（　）と（　）
(11)	2, 4, □, 3, 9, 27, □, 16, 64	（　）と（　）
(12)	1000, 1, 500, □, 250, 4, □, 8	（　）と（　）
(13)	1, 8, 22, 29, □, 50, □	（　）と（　）
(14)	6, 12, 5, 10, 4, □, □, 6	（　）と（　）

Guide 上問は，**筋道をたてた思考力**をみる検査です。前後の数字の差や比の一定性に着目することが基本的なポイントになります。なお，1つおきに差や比が一定の数列（(6)，(8)，(12)，(13)），隣りの数との差が半分ずつに減っていく数列（(9)），3数あるいは2数1組で規則性をそなえた数列（(4)，(7)，(11)，(14)）などさまざまなので，頭を柔軟にしてよく考えましょう。**正解**は(1) 4，14　(2) 14，2　(3) 11，20　(4) 6，12　(5) 243，27　(6) 12，21　(7) 9，3　(8) 7，6　(9) 900，400　(10) 8，128　(11) 8，4　(12) 2，125　(13) 43，64　(14) 8，3

［検査時間　22 分］

(1)　9，12，□，9，3，6，0，3，□　　答（　　）と（　　）

(2)　1，4，9，□，25，36，□　（　　）と（　　）

(3)　3，5，9，15，□，33，□　（　　）と（　　）

(4)　90，80，□，□，50，40，30　（　　）と（　　）

(5)　12，23，□，45，□，67，78　（　　）と（　　）

(6)　□，174，153，132，□　（　　）と（　　）

(7)　1，20，2，19，3，18，□，□，5，16　（　　）と（　　）

(8)　5，4，□，2，1，□，3，4，5　（　　）と（　　）

(9)　17，12，16，11，15，□，□，9　（　　）と（　　）

(10)　187，187，176，176，□，□，154，154　（　　）と（　　）

(11)　12，13，14，23，24，□，34，□，36　（　　）と（　　）

(12)　2，□，12，20，30，□，56，72　（　　）と（　　）

(13)　20，38，□，68，80，□，98　（　　）と（　　）

(14)　11，5，12，□，13，15，14，20，□　（　　）と（　　）

(15)　2，5，□，17，26，□，50　（　　）と（　　）

(16)　1，2，6，□，120，720，□　（　　）と（　　）

(17)　2，3，4，6，□，12，□，24　（　　）と（　　）

(18)　5，16，28，□，55，□，86　（　　）と（　　）

(19)　1，0，1，0，□，0，1，□　（　　）と（　　）

(20)　360，340，□，180，170，□，90，85，80
（　　）と（　　）

(21)　1，□，3，3，9，□，27，27　（　　）と（　　）

(22)　□，56，49，□，35，28，21　（　　）と（　　）

(23)　1，8，27，□，125，□　（　　）と（　　）

(24)　300，301，□，□，401，402，500，501，502
（　　）と（　　）

(25)　3，12，□，30，39，48，□　（　　）と（　　）

(26)　8，16，24，□，14，21，6，□，18　（　　）と（　　）

(27)　5，9，13，4，□，12，3，7，□　（　　）と（　　）

(28) 1，□，2，17，3，15，□，13　（　　）と（　　）
(29) 1，2，□，4，1，2，3，□，2，1　（　　）と（　　）
(30) 1，5，10，□，1，4，□，4，1　（　　）と（　　）
(31) 5，4，6，10，□，12，□，12，18　（　　）と（　　）
(32) 16，14，12，□，13，11，14，□，10　（　　）と（　　）
(33) □，6，5，4，6，5，□，5，4　（　　）と（　　）
(34) 5，4，□，6，5，4，□，6，5　（　　）と（　　）
(35) 100，10，□，200，□，2，300，30，3　（　　）と（　　）
(36) 4，3，□，3，2，4，□，3，4　（　　）と（　　）
(37) 8，9，7，7，8，□，6，□，5　（　　）と（　　）
(38) 1，2，□，3，3，3，□，4，4，4　（　　）と（　　）
(39) □，5，4，4，4，□，3，3，3　（　　）と（　　）
(40) 99，□，66，33，−11，□　（　　）と（　　）
(41) 1，−1，2，−2，□，□，4，−4　（　　）と（　　）
(42) −1，−4，□，−5，1，−6，□　（　　）と（　　）
(43) 13，□，12，8，□，9，10　（　　）と（　　）
(44) 1，2，2，3，4，□，□，6，6　（　　）と（　　）
(45) 1，2，2，1，2，2，□，□，2　（　　）と（　　）
(46) 2，4，□，9，12，14，□，19　（　　）と（　　）
(47) 85，□，66，58，51，□，40　（　　）と（　　）
(48) 0，2，10，13，20，□，□，35　（　　）と（　　）
(49) 1，2，1，2，□，2，3，□，3　（　　）と（　　）
(50) 2，3，□，4，6，5，□，6　（　　）と（　　）
(51) 1，2，3，2，□，3，3，2，3，□　（　　）と（　　）
(52) 1，2，2，2，2，□，3，2，□　（　　）と（　　）
(53) 1，3，4，2，4，□，3，□，6　（　　）と（　　）
(54) 1，2，□，5，7，8，□，11，13　（　　）と（　　）
(55) 1，□，1，2，3，1，2，□，4，1　（　　）と（　　）
(56) 15，16，30，31，□，46，60，□　（　　）と（　　）
(57) 1，3，11，□，□，23，31，33　（　　）と（　　）

(58) 99, 98, □, 87, 77, 76, □ ( ) と ( )

(59) □, 3, 8, □, 24, 35, 48 ( ) と ( )

(60) 11, 23, □, 47, □, 71 ( ) と ( )

(61) 1, □, 3, 2, 4, 4, □, 5, 5 ( ) と ( )

(62) 9, □, 21, 24, □, 24, 21, 16, 9 ( ) と ( )

(63) 6, 5, 4, 5, 4, 3, 4, □, □, 3, 2 ( ) と ( )

(64) −5, −3, −1, □, 3, 5, 3, □, −1, −3

( ) と ( )

(65) □, 5, 4, 6, 5, 7, □, 8, 7 ( ) と ( )

(66) 1, 2, 1, □, 3, 2, 3, □, 3, 4 ( ) と ( )

(67) 3, 3, □, 12, 24, 48, □, 192 ( ) と ( )

(68) 34, 32, 30, □, 26, 24, □ ( ) と ( )

(69) 34, 33, □, 28, 24, 19, □, 6 ( ) と ( )

(70) 6, 11, □, 24, 32, 41, 51, □ ( ) と ( )

解答

(1) 6, −3 (2) 16, 49 (3) 23, 45 (4) 70, 60 (5) 34, 56 (6) 195, 111 (7) 4, 17 (8) 3, 2 (9) 10, 14 (10) 165, 165 (11) 25, 35 (12) 6, 42 (13) 54, 90 (14) 10, 15 (15) 10, 37 (16) 24, 5040 (17) 8, 16 (18) 41, 70 (19) 1, 0 (20) 320, 160 (21) 1, 9 (22) 63, 42 (23) 64, 216 (24) 302, 400 (25) 21, 57 (26) 7, 12 (27) 8, 11 (28) 19, 4 (29) 3, 1 (30) 5, 8 (31) 8, 15 (32) 15, 12 (33) 7, 4 (34) 3, 7 (35) 1, 20 (36) 2, 2 (37) 6, 7 (38) 2, 4 (39) 5, 3 (40) 88, −66 (41) 3, −3 (42) 0, 2 (43) 7, 11 (44) 4, 5 (45) 1, 2 (46) 7, 17 (47) 75, 45 (48) 24, 30 (49) 3, 4 (50) 4, 8 (51) 2, 4 (52) 2, 2 (53) 5, 5 (54) 4, 10 (55) 2, 3 (56) 45, 61 (57) 13, 21 (58) 88, 66 (59) 0, 15 (60) 35, 59 (61) 3, 3 (62) 16, 25 (63) 3, 2 (64) 1, 1 (65) 3, 6 (66) 2, 4 (67) 6, 96 (68) 28, 22 (69) 31, 13 (70) 17, 62

検査 7 計 算 (1)

次の計算をし，正しい答の番号を（　　）の中に記入しなさい。

(例)	$458.3 \div 13.5$	① 33.8	② 35.4	③ 34.9		
		④ 32.8	⑤ 正答なし		答	（ ⑤ ）
(1)	$189.4 + 765$	① 955.4	② 954.4	③ 933.5		
		④ 957.4	⑤ 正答なし			（　　）
(2)	$\frac{1}{6} + \frac{1}{4}$	① $\frac{1}{10}$	② $\frac{3}{10}$	③ $\frac{1}{5}$		
		④ $\frac{5}{12}$	⑤ 正答なし			（　　）
(3)	35×16.2	① 566.2	② 565	③ 567		
		④ 567.5	⑤ 正答なし			（　　）
(4)	$978 \div 0.3$	① 32	② 32.6	③ 326		
		④ 3260	⑤ 正答なし			（　　）
(5)	$\frac{7}{8} \div \frac{1}{6}$	① $\frac{7}{48}$	② $\frac{42}{7}$	③ $5\frac{1}{4}$		
		④ 4	⑤ 正答なし			（　　）
(6)	$97.56 + 0.8$	① 98.6	② 105.56	③ 97.64		
		④ 107.6	⑤ 正答なし			（　　）
(7)	$\frac{2}{3} - \frac{1}{5}$	① $\frac{7}{15}$	② $\frac{1}{15}$	③ $\frac{1}{2}$		
		④ $1\frac{1}{15}$	⑤ 正答なし			（　　）
(8)	$35 - 0.09$	① 34.1	② 34.01	③ 33.1		
		④ 34.91	⑤ 正答なし			（　　）

Guide 上問は，**計算能力**をみる検査です。小学校の基本的な分数・小数計算を繰り返し練習しておくと，おおよその答の見当がつくようになります。**正解**は(1)—② (2)—④ (3)—③ (4)—④ (5)—③ (6)—⑤ (7)—① (8)—④

［検査時間　7 分］

問題	式				答
(1)	$75.1 \div 0.05$	① 15.2	② 1502	③ 14.3	
		④ 152	⑤ 正答なし		答（　）
(2)	$1\frac{7}{8} \times \frac{4}{5}$	① $\frac{1}{2}$	② $\frac{1}{3}$	③ $1\frac{1}{2}$	
		④ 0.75	⑤ 正答なし		（　）
(3)	$7.57 - 3.14$	① 4.4	② 4.41	③ 4.33	
		④ 4.45	⑤ 正答なし		（　）
(4)	515.1×0.89	① 458.4	② 458.43	③ 458.44	
		④ 458.39	⑤ 正答なし		（　）
(5)	$78 - 5.176$	① 72.81	② 72.814	③ 72.82	
		④ 72.824	⑤ 正答なし		（　）
(6)	$\frac{7}{8} - \frac{3}{7}$	① $\frac{3}{8}$	② $\frac{25}{56}$	③ $\frac{4}{15}$	
		④ 4	⑤ 正答なし		（　）
(7)	12.1×6.1	① 73.81	② 73	③ 83.81	
		④ 72.81	⑤ 正答なし		（　）
(8)	$976.5 \div 2$	① 489.5	② 488.5	③ 488.2	
		④ 498.25	⑤ 正答なし		（　）
(9)	$\frac{5}{7} + \frac{3}{14}$	① $\frac{13}{14}$	② $\frac{4}{7}$	③ $\frac{8}{14}$	
		④ $10\frac{1}{21}$	⑤ 正答なし		（　）
(10)	$69.1 - 68.01$	① 0.1	② 0.09	③ 1.09	
		④ 1.1	⑤ 正答なし		（　）
(11)	$265.17 + 0.03$	① 265.47	② 266	③ 266.1	
		④ 265.2	⑤ 正答なし		（　）
(12)	$86.174 \div 9.1$	① 9.1	② 9.46	③ 9.469	
		④ 9.567	⑤ 正答なし		（　）
(13)	$1\frac{1}{8} - 1\frac{1}{9}$	① $\frac{1}{72}$	② $1\frac{1}{72}$	③ 1	
		④ 0	⑤ 正答なし		（　）

(14) $96.1+87.45$

① 183.55　② 182.55　③ 183
④ 183.5　⑤ 正答なし　(　　)

(15) $\frac{8}{15}+\frac{2}{15}$

① $\frac{11}{15}$　② $\frac{3}{5}$　③ $\frac{1}{3}$
④ 13.5　⑤ 正答なし　(　　)

(16) $384.1-5$

① 389.1　② 379.6　③ 379.1
④ 389.6　⑤ 正答なし　(　　)

(17) $384.1+5$

① 389.6　② 399.1　③ 398.6
④ 389　⑤ 正答なし　(　　)

(18) $\frac{2}{5}-\frac{1}{5}$

① $\frac{3}{5}$　② $\frac{2}{5}$　③ $\frac{1}{5}$
④ 0.3　⑤ 正答なし　(　　)

(19) $\frac{1}{2}+\frac{1}{3}$

① $\frac{1}{5}$　② $\frac{1}{6}$　③ $\frac{5}{6}$
④ 1.2　⑤ 正答なし　(　　)

(20) 31×25

① 3100　② 1550　③ 775
④ 785　⑤ 正答なし　(　　)

(21) 31×2.5

① 7750　② 77.5　③ 155
④ 310　⑤ 正答なし　(　　)

(22) $76.62\div 6$

① 12.67　② 1267　③ 126.7
④ 127.7　⑤ 正答なし　(　　)

(23) $76.62\div 0.6$

① 127.7　② 12.67　③ 1.622
④ 1.277　⑤ 正答なし　(　　)

(24) $76.62\div 60$

① 1.267　② 1622　③ 1267
④ 1.277　⑤ 正答なし　(　　)

(25) $\frac{1}{6}\div\frac{5}{8}$

① $\frac{5}{48}$　② $\frac{8}{15}$　③ $\frac{4}{15}$
④ 5.48　⑤ 正答なし　(　　)

(26) $\frac{5}{11}+\frac{5}{13}$

① 0.42　② $\frac{119}{143}$　③ $\frac{122}{143}$
④ $\frac{120}{143}$　⑤ 正答なし　(　　)

(27) $\frac{5}{11}-\frac{5}{13}$　① 0.5　② $\frac{11}{143}$　③ $\frac{2}{143}$
④ 0　⑤ 正答なし　(　　)

(28) $\frac{5}{11}\times\frac{5}{13}$　① $\frac{25}{143}$　② $\frac{11}{13}$　③ $\frac{1}{143}$
④ 1.15　⑤ 正答なし　(　　)

(29) $\frac{5}{11}\div\frac{5}{13}$　① $\frac{11}{13}$　② $\frac{2}{11}$　③ $1\frac{2}{11}$
④ 5.5　⑤ 正答なし　(　　)

(30) $99.1+999.1$　① 9999.1　② 1098.2　③ 999.1
④ 999.2　⑤ 正答なし　(　　)

(31) $111.1+110$　① 212.1　② 222.2　③ 221
④ 221.2　⑤ 正答なし　(　　)

(32) $222-111.5$　① 111　② 111.5　③ 110.5
④ 109.5　⑤ 正答なし　(　　)

(33) 99.9×0.11　① 10.99　② 10.989　③ 10.999
④ 11.989　⑤ 正答なし　(　　)

(34) $99.9\div1.11$　① 9　② 99　③ 909
④ 900　⑤ 正答なし　(　　)

(35) 11×15　① 166　② 165　③ 156
④ 155　⑤ 正答なし　(　　)

(36) 11×11　① 111　② 122　③ 123
④ 121　⑤ 正答なし　(　　)

(37) 15×15　① 255　② 256　③ 232
④ 215　⑤ 正答なし　(　　)

解答

(1)—②　(2)—③　(3)—⑤　(4)—⑤　(5)—④　(6)—②　(7)—①
(8)—⑤　(9)—①　(10)—③　(11)—④　(12)—⑤　(13)—①　(14)—①
(15)—⑤　(16)—③　(17)—⑤　(18)—③　(19)—③　(20)—③　(21)—②
(22)—⑤　(23)—①　(24)—④　(25)—③　(26)—④　(27)—⑤　(28)—①
(29)—③　(30)—②　(31)—⑤　(32)—③　(33)—②　(34)—⑤　(35)—②
(36)—④　(37)—⑤

検査8 計算(2)

次の空欄に1から5までの整数のうち適当な数字を入れ，数式を完成させなさい。

(例) $3+\boxed{2}-4=1$
(1) $6+2-4=\square$
(2) $7-\square-1=2$
(3) $8+2-\square=9$
(4) $\square+5-1=9$
(5) $\square+1+3=9$
(6) $8-5-\square=0$
(7) $7-5+\square=7$
(8) $9-5-\square=1$
(9) $8-\square+1=4$
(10) $2+7-8=\square$
(11) $1+9-\square=6$
(12) $8-\square+3=9$
(13) $8-\square-2=5$
(14) $7+1+\square=9$
(15) $2-\square+6=7$
(16) $3+2-\square=1$
(17) $4-\square+7=8$
(18) $9-\square+1=8$
(19) $6+\square-5=6$
(20) $8-\square-1=3$
(21) $9-\square+2=6$
(22) $6+\square+1=9$
(23) $7-5+\square=4$
(24) $6-1-\square=0$
(25) $3+\square-1=7$
(26) $1+5-3=\square$
(27) $9-\square+4=8$

Guide 上問は，**速算力および直感的に量を把握する力**をみる検査です。1から5までという定まった範囲の数をあつかうわけですが，他の数を先に計算（あるいは逆算）し，□の数の大きさの見当をつけるのが速算のコツ。例えば(23)なら，$7-5=2$，$2+\square=4$，$\square=2$，というように思考操作を進めます。このような簡単な数式の場合，ことさら高度な論理操作を行うとかえって混乱を招きかねません。**正解**は(1) 4　(2) 4　(3) 1　(4) 5　(5) 5　(6) 3　(7) 5　(8) 3　(9) 5　(10) 1　(11) 4　(12) 2　(13) 1　(14) 1　(15) 1　(16) 4　(17) 3　(18) 2　(19) 5　(20) 4　(21) 5　(22) 2　(23) 2　(24) 5　(25) 5　(26) 3　(27) 5

［検査時間　6 分］

(1) $8-7+\square=6$
(2) $7-6+3=\square$
(3) $6-\square+4=5$
(4) $5+4-\square=6$
(5) $4+2-1=\square$
(6) $3+\square-1=4$
(7) $2-2+\square=3$
(8) $1+9-8=\square$
(9) $\square-5+4=0$
(10) $7-\square+5=9$
(11) $4-\square-2=1$
(12) $7-1+\square=8$
(13) $1+\square+1=3$
(14) $2+2-\square=2$
(15) $1-1+\square=5$
(16) $5-3+\square=7$
(17) $6-3+1=\square$
(18) $5+1-\square=4$
(19) $4+\square-1=4$
(20) $9+\square-5=5$
(21) $8-\square+3=6$
(22) $1+8-\square=5$
(23) $9-\square+1=6$
(24) $8-7+\square=3$
(25) $\square-6+5=1$
(26) $6-5+4=\square$
(27) $5-\square+5=6$
(28) $4-3+\square=6$
(29) $\square-2+7=8$
(30) $2-1+4=\square$
(31) $1+5+\square=8$
(32) $\square-2-2=1$
(33) $1+5-\square=5$
(34) $7-4-1=\square$
(35) $1+2+1=\square$
(36) $2+\square-4=1$
(37) $\square+4-5=2$
(38) $4-3-0=\square$
(39) $9-1-\square=3$
(40) $1+1-\square=0$
(41) $1-\square+1=0$
(42) $7-3-\square=1$
(43) $2+\square+1=6$
(44) $9-\square-6=1$
(45) $7+\square-6=6$
(46) $1-\square+9=8$
(47) $5-\square-1=1$
(48) $\square-3-1=1$
(49) $\square+3-5=1$
(50) $9-6+1=\square$
(51) $7-\square+1=3$
(52) $6+\square-8=3$
(53) $1+5+\square=9$
(54) $8+5-\square=9$
(55) $\square+3+1=6$
(56) $\square-5+7=7$
(57) $5+\square+3=9$
(58) $8-\square-1=2$

(59) $5+1+\square=8$

(60) $7-\square+1=3$

(61) $9-1-\square=7$

(62) $5+\square-2=8$

(63) $3-\square+1=1$

(64) $\square+4+4=9$

(65) $4-1+\square=8$

(66) $8+1-\square=5$

(67) $6-1-1=\square$

(68) $6+6-\square=7$

(69) $5-1-\square=3$

(70) $\square-5+2=2$

(71) $7+1-\square=5$

(72) $6-1+\square=7$

(73) $1+7-5=\square$

(74) $2+1-\square=0$

(75) $2-1+\square=5$

(76) $\square-7+3=1$

(77) $6-\square-3=1$

(78) $1+5-\square=1$

(79) $9-1-5=\square$

(80) $7-\square+1=3$

(81) $8-\square-3=1$

(82) $1+\square+3=6$

(83) $3-2-\square=0$

(84) $3+\square-5=1$

(85) $9-\square+2=8$

(86) $\square-8+7=4$

(87) $9-8+\square=5$

(88) $9-8+2=\square$

(89) $1-1+\square=5$

(90) $2-\square+7=7$

(91) $5+6-\square=9$

(92) $\square-8+6=0$

(93) $4-\square-1=0$

(94) $\square+5-4=6$

(95) $\square+6+1=9$

(96) $3+5-\square=4$

(97) $6-\square+5=9$

(98) $7-\square-3=1$

(99) $5-1-2=\square$

(100) $5-1-\square=2$

(101) $6+7-\square=9$

(102) $\square+2-5=1$

(103) $\square+1+1=7$

(104) $6-5+\square=6$

(105) $1+1+\square=3$

(106) $9+\square-8=6$

(107) $\square-7+3=1$

(108) $\square-2-3=0$

(109) $5+6-\square=9$

(110) $7-\square+5=9$

(111) $8-3+\square=9$

(112) $6-2+0=\square$

(113) $\square+4+1=9$

(114) $\square-4-1=0$

(115) $1+\square-1=2$

(116) $6+4-\square=7$

(117) $6-5+\square=3$

(118) $7+\square-5=6$

(119) $\square + 5 - 6 = 2$

(120) $5 - 7 + 6 = \square$

(121) $7 - 6 - \square = 0$

(122) $\square - 5 + 1 = 0$

(123) $5 - \square - 1 = 1$

(124) $4 - 7 + 6 = \square$

(125) $6 + 5 - 7 = \square$

(126) $\square - 5 + 3 = 2$

(127) $5 - 1 - 1 = \square$

(128) $8 - 5 + \square = 5$

(129) $\square - 7 + 5 = 2$

(130) $6 - \square + 1 = 2$

(131) $7 + 3 - \square = 5$

(132) $9 - \square + 1 = 6$

(133) $\square - 1 + 3 = 4$

(134) $5 - 6 + \square = 1$

(135) $6 - \square + 6 = 8$

(136) $7 + \square - 3 = 5$

解 答

(1) 5　(2) 4　(3) 5　(4) 3　(5) 5　(6) 2　(7) 3　(8) 2　(9) 1　(10) 3
(11) 1　(12) 2　(13) 1　(14) 2　(15) 5　(16) 5　(17) 4　(18) 2　(19) 1　(20) 1
(21) 5　(22) 4　(23) 4　(24) 2　(25) 2　(26) 5　(27) 4　(28) 5　(29) 3　(30) 5
(31) 2　(32) 5　(33) 1　(34) 2　(35) 4　(36) 3　(37) 3　(38) 1　(39) 5　(40) 2
(41) 2　(42) 3　(43) 3　(44) 2　(45) 5　(46) 2　(47) 3　(48) 5　(49) 3　(50) 4
(51) 5　(52) 5　(53) 3　(54) 4　(55) 2　(56) 5　(57) 1　(58) 5　(59) 2　(60) 5
(61) 1　(62) 5　(63) 3　(64) 1　(65) 5　(66) 4　(67) 4　(68) 5　(69) 1　(70) 5
(71) 3　(72) 2　(73) 3　(74) 3　(75) 4　(76) 5　(77) 2　(78) 5　(79) 3　(80) 5
(81) 4　(82) 2　(83) 1　(84) 3　(85) 3　(86) 5　(87) 4　(88) 3　(89) 5　(90) 2
(91) 2　(92) 2　(93) 3　(94) 5　(95) 2　(96) 4　(97) 2　(98) 3　(99) 2　(100) 2
(101) 4　(102) 4　(103) 5　(104) 5　(105) 1　(106) 5　(107) 5　(108) 5　(109) 2　(110) 3
(111) 4　(112) 4　(113) 4　(114) 5　(115) 2　(116) 3　(117) 2　(118) 4　(119) 3　(120) 4
(121) 1　(122) 4　(123) 3　(124) 3　(125) 4　(126) 4　(127) 3　(128) 2　(129) 4　(130) 5
(131) 5　(132) 4　(133) 2　(134) 2　(135) 4　(136) 1

検査9 応用

次の問題を解き，その答を（　　）の中に記入しなさい。なお，単位の記入がない場合は誤答あつかいとします。

(例) 3人の子供がボールを2個ずつ両手に持っています。ボールは全部で何個になりますか。　答（12個）

(1) 20 m の道路に 10 m ごとに旗が立っています。旗は全部で何本になりますか。　（　　）

(2) 1時間に 114 km 走る自動車が3時間 20 分走ると，何 km 進んだことになりますか。　（　　）

(3) 9 l の水を 36 m^2 の土地に均等にまきます。1 m^2 あたり何 l の水がゆきわたることになりますか。　（　　）

(4) 1時間に本を 60 ページ読む人がいます。30 分ごとに5分休むと3時間に何ページ読めますか。　（　　）

(5) 周囲が 1800 m の池があります。分速 60 m で歩くと，2時間で池のまわりを何周まわれますか。　（　　）

(6) 100 g 450 円の牛肉があります。この牛肉を 2 kg 買って 10000 円払うと，おつりはいくらになりますか。　（　　）

(7) 父は 49 歳，子供は 22 歳です。父の年齢が子の年齢の2倍になるのは何年後ですか。　（　　）

(8) 今年の新入生は 266 人で，昨年よりも5％減っています。昨年の新入生は何人でしたか。　（　　）

Guide 上問は総合的な思考力が求められるオーソドックスな文章題で，**計算力・分析力・理解力**などをみます。設問内容は小学校6年程度のものですので，慌てずに1題ずつ解いていくことを心がけましょう。中学校1年の教科書を復習するのもよいでしょう。**正解**は(1) 3本 (2) 380km (3) 0.25l (4) 155 ページ (5) 4周 (6) 1000 円 (7) 5年後 (8) 280 人

[検査時間　20分]

⑴　8時7分に家を出ると8時48分に学校に着きます。8時30分に学校に着くには何時何分に家を出ればよいですか。

答（　　）

⑵　15人で3個ずつみかんを分けると4個余ります。12人で5個ずつ分けると何個不足しますか。（　　）

⑶　5cmのテープを6枚糊でつなぎました。糊しろを1cm取ると，つないだ長さは何cmになりますか。（　　）

⑷　姉は1200円，妹は700円もっています。姉が妹にいくらあげれば2人の所持金は同じ額になりますか。（　　）

⑸　兄は分速75m，弟は分速60mで歩きます。兄が20分で行くところを，弟は何分かかりますか。（　　）

⑹　信号Aは40秒に1回，信号Bは35秒に1回青になります。AとBが同時に青になるのは，何分に1回ですか。（　　）

⑺　17.5mのひもを2：3に分けました。長い方のひもは何mになりますか。（　　）

⑻　長いす18脚に5人ずつかけると，3人座れなくなります。6人ずつかけると，長いすは何脚余りますか。（　　）

⑼　ある人が北に765m進み，次に南に169m進みました。この人は今，出発点から何mのところにいますか。（　　）

⑽　1個220円のケーキをいくつか買い，1420円払いました。箱代はいくらでしたか。（　　）

⑾　長さ80cmの針金を折り曲げて正方形を作ります。針金で囲まれた部分の面積は何cm^2になりますか。（　　）

⑿　周囲が1750mの池があります。この池のまわりに50mおきに木を植えると，木は何本必要ですか。（　　）

⒀　縦24cm，横36cmの長方形の紙をすき間なくならべて，最も小さい正方形を作るとき，紙は何枚必要ですか。（　　）

⒁　324l入る水槽に1分間に18lずつ水を給水します。12分後には，水槽の何分のいくつまで水が溜まりますか。（　　）

⒂ 縦 48 cm，横 32 cm の長方形の紙を等分に切り分けて，できるだけ大きい正方形を作ります。正方形は何枚できますか。(　　)

⒃ 1 箱 20 本入りのタバコの箱が 12 ダースあります。タバコは全部で何本ありますか。(　　)

⒄ 12 時から 3 分ごとにチャイムが鳴ります。2 時 47 分から 3 時 52 分までの間に，何回チャイムが鳴りますか。(　　)

⒅ 原価が 1 個 85 円の柿を 200 個仕入れました。売り値を 1 個 110 円にして 164 個売ると，もうけはいくらになりますか。(　　)

⒆ 2 日で 15 秒進む時計があります。この時計が 5 分進むのは，時計を合わせてから何日後ですか。(　　)

⒇ A 君は 8 日ごとに，B 君は 12 日ごとに図書館に行き，5 月 24 日に一緒でした。次は何月何日に一緒になりますか。(　　)

(21) 兄の年は母の年の半分です。弟の年は母の年の 3 分の 1 です。兄と弟は 7 歳違いです。母は何歳ですか。(　　)

(22) 毎月 15000 円ずつ貯金をします。1 年半後には，いくらたまりますか。(　　)

(23) 1 回 45 分の授業を 1 日 6 回受けると，1 日の何分のいくつを勉強したことになりますか。(　　)

(24) 本 A は厚さ 3 cm，本 B は 2 cm です。本 A を 6 冊積み重ねます。本 B を何冊積み重ねれば同じ高さになりますか。(　　)

(25) 秒速 15 m の列車と秒速 20 m の列車が長さ 385 m の鉄橋の両端から同時に向かいあって進むと，何秒後に出会いますか。(　　)

(26) 250 g 500 円の菓子 A と 300 g 750 円の菓子 B を共に 500 g ずつ買うと，A と B の代金の差はいくらになりますか。(　　)

(27) 243 l の水を A ポンプで 1 分間に 27 l 排水し，同時に B ポンプで 1 分間に 18 l 給水すると何分後に空になりますか。(　　)

(28) ある品物を 3 つまとめて買うと 100 円，2 つだと 75 円，1 つだと 50 円です。152 個買うといくらになりますか。(　　)

(29) 425 g の水に 75 g の食塩を溶かすと，何％の食塩水ができますか。(　　)

(30) 子供が24人います。2つ以上のグループに分け，各グループの人数を同じにしたいとき何通りに分けられますか。ただし，どのグループも複数とします。（　　）

(31) 長さ90 cmの針金を折り曲げて長方形を作ります。横の長さを17 cmにすると，縦の長さは何cmですか。（　　）

(32) 長さ5.7 cmのローソクがあり，1分間に0.3 cmずつ燃えます。今，1.5cm残っています。何分間燃えていましたか。（　　）

(33) 花子さんは3000円のこづかいのうち3割を使い，残りの3分の2を貯金しました。手もとにいくら残っていますか。（　　）

(34) ある家の収入は150000円で，食費は51000円，主食費は食費の12%です。主食費は収入の何%にあたりますか。（　　）

(35) 5%の食塩水750gの中には食塩が何g含まれていますか。（　　）

(36) A，B，C，D，E 5人の試験の平均点は75点でA，B，C，D 4人の平均点は73点です。Eは何点ですか。（　　）

(37) ペンキを壁に塗るのにAは2時間，Bは3時間かかります。AとBが同時に塗り始めると何時間で終わりますか。（　　）

(38) 150段ある階段を弟は1段おきに，兄は2段おきに上がります。兄も弟も踏んだ段はいくつありますか。（　　）

(39) 30kmの山道を16時間で往復したいと思います。上りを毎時3kmで行くと，下りは毎時何kmで行けばよいですか。（　　）

解答

(1) 7時49分　(2) 11個　(3) 25cm　(4) 250円　(5) 25分　(6) $4\frac{2}{3}$分　(7) 10.5m　(8) 2脚　(9) 596m　(10) 100円　(11) 400cm^2　(12) 35本　(13) 6枚　(14) $\frac{2}{3}$　(15) 6枚　(16) 2880本　(17) 22回　(18) 1040円　(19) 40日後　(20) 6月17日　(21) 42歳　(22) 270000円　(23) $\frac{3}{16}$　(24) 9冊　(25) 11秒後　(26) 250円　(27) 27分後　(28) 5075円　(29) 15%　(30) 6通り　(31) 28cm　(32) 14分間　(33) 700円　(34) 4.08%　(35) 37.5g　(36) 83点　(37) $1\frac{1}{5}$時間　(38) 25　(39) 5km

検査10 語い (1)

左に掲げることばの意味を①〜④から選び，その番号を（　）の中に記入しなさい。

(例) 寡　婦　① 夫と仕事をしている人　② 家政婦さん
答(③)　③ 夫と死別した女性　④ 子供のいない女性

(1) 杓子定規　① 誰でも持っている定規　② 測定値のこと
（　）　③ 融通のきかないこと　④ 無理のない方法

(2) 阿鼻叫喚　① 非常にむごたらしい状態　② 醜い顔
（　）　③ 鼻をつくような匂い　④ 鋭い叫び声

(3) 新陳代謝　① 新しい陣地で感謝すること　② 新しい顔ぶれ
（　）　③ 古い物と新しい物の交換　④ 気分転換

(4) 是々非々　① 絶対ということ　② 有無を言わせぬ態度
（　）　③ 強者にへつらうこと　④ 公平無私の態度

(5) 弱肉強食　① 大食漢　② 弱者が強者の犠牲になること
（　）　③ やせの大食い　④ 勝敗の目に見えた喧嘩

(6) 高　弟　① 特にすぐれた弟子　② すぐ下の弟
（　）　③ 兄より背の高い弟　④ 有名な弟子

(7) 青天霹靂　① 晴れた空　② にわかに曇り始めること
（　）　③ すぐにやむ雨　④ 突然の変動

(8) 以心伝心　① 心から心に伝わること　② 心づけ
（　）　③ 心のこもった応対　④ 心にもないお世辞

Guide 上問は，**語いの豊富さ，知識の確かさ**をみるオーソドックスな語い力検査です。普段の読書，ことばを的確に使う習慣，言語に対する問題意識がモノを言います。(3)の①のように，漢字から勝手に意味を想像するととんでもない珍解釈が生まれるのでご用心。やはり，辞書をこまめにひくことが肝要でしょう。　**正解**は(1)―③　(2)―①　(3)―③　(4)―④　(5)―②　(6)―①　(7)―④　(8)―①

[検査時間　7分]

⑴　我田引水　①　強引な態度　②　自己宣伝をすること
答(　　)　③　自分の利益になるよう振る舞うこと　④　灌漑
⑵　一蓮托生　①　生け花の蓮　②　運命を共にすること
(　　)　③　人に命を預けること　④　一輪の蓮
⑶　八面六臂　①　一人で多方面に活躍すること　②　嘘つき
(　　)　③　伝説の怪物　④　顔が広いこと
⑷　千載一遇　①　多くの人が集まること　②　大きな数
(　　)　③　めったにない好機　④　一つにまとめること
⑸　単刀直入　①　いきなり切りつけること　②　単純な人
(　　)　③　よく切れる刀　④　直接要点に入ること
⑹　千篇一律　①　変わりばえのしないこと　②　意見の一致
(　　)　③　一貫した態度　④　何度も試みること
⑺　不調法　①　下手　②　不便なこと
(　　)　③　不如意なこと　④　無愛想な態度
⑻　品行方正　①　上品な人　②　行いのよいこと
(　　)　③　正しい方向　④　愛想がよいこと
⑼　岡目八目　①　複雑な表情　②　ひょうきんな人
(　　)　③　第三者の正確な判断　④　高い所にいる人々
⑽　虚心坦懐　①　わだかまりのない心　②　うつろな心
(　　)　③　腹に一物あること　④　大切な物
⑾　一家言　①　一家の宝物　②　先祖伝来の書物
(　　)　③　家訓　④　その人独特の主張
⑿　曲学阿世　①　時勢に合わせて真理を曲げること　②　学者
(　　)　③　学を修めて世に出ること　④　間違った説
⒀　金科玉条　①　豪華な飾り　②　守るべき立派な原則
(　　)　③　宝を持っていること　④　華美な服装
⒁　一知半解　①　少数派の解釈　②　釈然としないこと
(　　)　③　難しい問題　④　知識がなまかじりなこと

⒂ 衆　愚　① 大衆を啓蒙すること　② 世間の愚かな人々
(　　) ③ 大勢寄れば愚者もいる　④ 平均した知恵

⒃ 一姫二太郎　① 名づけ親　② 女性に優先権があること
(　　) ③ 子の性の理想とされた順序　④ 男勝り

⒄ 明鏡止水　① 鏡に水をかけること　② 邪念のない心
(　　) ③ 水面に顔を映すこと　④ よくみがいた鏡

⒅ 乾坤一擲　① 天地にかけて誓うこと　② 晴々とした気分
(　　) ③ 南西の方角　④ 運命をかけて勝負すること

⒆ 優柔不断　① 決断力に乏しいこと　② 物腰の優雅さ
(　　) ③ いつも変わらぬ優しさ　④ 色男

⒇ 泰然自若　① 落ち着きのないこと　② 物に動じない様子
(　　) ③ 自分で若いと思っていること　④ 自覚

(21) 付和雷同　① 雷鳴　② すぐ他人に同調すること
(　　) ③ 怖い物から逃げること　④ 流行を追うこと

(22) 臥薪嘗胆　① 粗末な暮らし　② 日々の糧
(　　) ③ 仇を討とうと苦心すること　④ けち

(23) 画龍点睛　① 最後の大切な仕上げ　② 龍の目の涙
(　　) ③ 見事に描かれた龍　④ 堂々とした様子

(24) 夏炉冬扇　① 無用の長物　② ちぐはぐな室内装飾
(　　) ③ 失敗ばかりする人　④ 意表をついた趣向

(25) 起死回生　① 死ぬような辛さ　② 生死に無頓着なこと
(　　) ③ 半病人　④ 滅亡の危機を救うこと

(26) 喜怒哀楽　① 情緒不安定な人　② 人間の感情のこと
(　　) ③ 人の世のはかなさ　④ よい心がけ

(27) 嫡　子　① 長男　② 自分の生んだ子
(　　) ③ 跡継ぎをする子　④ 私生児

(28) 行住坐臥　① 日常の振る舞い　② 座って修行をすること
(　　) ③ 落ち着いた住居　④ 自分を鍛えること

(29) 森羅万象　① 不思議な出来事　② 宇宙の一切のもの
(　　) ③ 森に棲む生き物　④ 静かな場所

⑶⓪ 低徊趣味 ① 趣味の悪いこと ② ぼんやり歩く趣味
( ) ③ 無粋な人 ④ ゆとりをもって人生を味わうこと

⑶① 平身低頭 ① 卑屈な態度 ② 体を平衡に保つこと
( ) ③ ひれ伏して恐れ入ること ④ 背の低い人

⑶② 不倶戴天 ① けが人 ② 日の目を見られないこと
( ) ③ 極度に恨むこと ④ 別れ別れになること

⑶③ 傍若無人 ① 勝手気ままに振る舞うこと ② 若々しい人
( ) ③ 思い思いに振る舞うこと ④ 退屈すること

⑶④ 八方美人 ① 八つの長所 ② 要領よく人とつきあう人
( ) ③ 気転のきく人 ④ 美人である条件

⑶⑤ 面従腹背 ① 表面は従順で内心は反対すること ② 人体
( ) ③ 二重人格 ④ 表裏が逆になっていること

⑶⑥ 七転八倒 ① 失敗にくじけぬこと ② よちよち歩き
( ) ③ 不眠症 ④ 苦しんでのたうちまわる様

⑶⑦ 凡　夫 ① 普段着の夫 ② 平均所得の男性
( ) ③ 救いようのない夫婦 ④ 平凡な人間

⑶⑧ 言語道断 ① ことばが出ないこと ② もってのほか
( ) ③ ひどい悪口 ④ 言論の抑圧

⑶⑨ 有象無象 ① どこにでもあるくだらぬ物 ② 形象のこと
( ) ③ 象のいる所といない所 ④ 出没すること

⑷⓪ 意気投合 ① 気合いがはいること ② 呼吸を整えること
( ) ③ 気持ちがぴったり合うこと ④ 元気いっぱい

解答

(1)―③ (2)―② (3)―① (4)―③ (5)―④ (6)―① (7)―①
(8)―② (9)―③ (10)―① (11)―④ (12)―① (13)―② (14)―④
(15)―② (16)―③ (17)―② (18)―④ (19)―① (20)―② (21)―②
(22)―③ (23)―① (24)―① (25)―④ (26)―② (27)―③ (28)―①
(29)―② (30)―④ (31)―③ (32)―③ (33)―① (34)―② (35)―①
(36)―④ (37)―④ (38)―② (39)―① (40)―③

検査11　語　い（2）

左に掲げることばと反対の意味のことばを①～④から選び，その番号を（　）の中に記入しなさい。

(例) 楽しい	① 苦しい	② 嬉しい	③ つらい	
	④ 喜ぶ			答（①）
(1) 拡大	① 縮小	② 短縮	③ 拡張	
	④ 延長			（　）
(2) 利益	① 利潤	② 損得	③ 損失	
	④ 被害			（　）
(3) 勝利	① 勝負	② 敗北	③ 敗走	
	④ 勝敗			（　）
(4) 逆境	① 不幸	② 境遇	③ 好境	
	④ 順境			（　）
(5) 抽象	① 対象	② 抽出	③ 印象	
	④ 具象			（　）
(6) 権利	① 義務	② 無権利	③ 権限	
	④ 権益			（　）
(7) 異常	① 通常	② 日常	③ 非常	
	④ 正常			（　）

Guide 上問は**言語知識の確かさ**をみる検査です。(例)の③，(1)の②などの類語に注意すること，「無」「不」「非」のつく語は否定語であるが必ずしも反意語ではないこと，(4)の③などにみられる意味のズレに敏感になること，また，(6)のような常識的な対語は反射的に理解するようにしましょう。なお，語いに自信のない人は，曖昧な単語や知らない単語に出会ったときに辞書をひき，きちんと調べておく習慣を普段からつけておきましょう。　**正解**は，(1)―①　(2)―③　(3)―②　(4)―④　(5)―④　(6)―①　(7)―④

［検査時間　2分］

		①	②	③	④	答
(1)	未　知	無　知	既　知	知　識	有　識	(　　)
(2)	過　去	来　世	本　来	未　来	過　失	(　　)
(3)	被害者	加害者	被災者	救援者	仲裁者	(　　)
(4)	前　進	敗　退	後　退	前　後	静　止	(　　)
(5)	攻　撃	応　戦	遠　慮	逃　走	防　御	(　　)
(6)	国　外	日　本	外　国	国　内	内　地	(　　)
(7)	先　輩	部　下	上　司	後　輩	友　人	(　　)
(8)	素　人	玄　人	名　人	達　人	アマチュア	(　　)
(9)	近寄る	避ける	遠ざかる	近づく	立ち止まる	(　　)
(10)	過　剰	余　分	不　満	余　剰	不　足	(　　)
(11)	破　壊	創　造	建　築	発　展	成　長	(　　)
(12)	保　守	革　命	革　新	進　行	民主主義	(　　)
(13)	形　式	型破り	格　式	内　容	心	(　　)
(14)	反　対	批　判	賛　成	反　抗	是　正	(　　)

⒂ 有名 ①無実 ②名門 ③名士 ④無名 (　)

⒃ 収入 ①支出 ②歳出 ③出納 ④予算 (　)

⒄ 容易 ①困惑 ②難問 ③困難 ④安易 (　)

⒅ 最高 ①最小 ②最低 ③最年少 ④最悪 (　)

⒆ 登山 ①登頂 ②遭難 ③下山 ④下界 (　)

⒇ 無限 ①限界 ②限度 ③限定 ④有限 (　)

(21) 真実 ①屁理屈 ②事実 ③虚偽 ④虚栄 (　)

(22) 正数 ①負数 ②ゼロ ③小数 ④分数 (　)

(23) 強気 ①腰くだけ ②弱気 ③弱味 ④弱腰 (　)

(24) 短所 ①弱点 ②欠点 ③長所 ④特長 (　)

(25) 開幕 ①完了 ②閉会 ③終結 ④閉幕 (　)

(26) 多額 ①低所得 ②少額 ③高額 ④僅少 (　)

(27) 原因 ①結果 ②成果 ③因果 ④結論 (　)

(28) 慎重 ①軽蔑 ②軽挙 ③軽率 ④不安 (　)

(29) 良妻 ①賢母 ②悪妻 ③夫妻 ④愚妻 (　)

(30) 賢　人　① 市井人　② 凡　人　③ 愚　人
④ 凡　夫　(　　)

(31) 貴　い　① 汚　い　② 卑しい　③ 貧しい
④ 不幸だ　(　　)

(32) 私　用　① 御　用　② 無　用　③ 公　用
④ 雑　用　(　　)

(33) 緊　張　① 落　胆　② 弛　緩　③ 安　心
④ 緊　迫　(　　)

(34) 急　性　① 慢　性　② 緩　慢　③ 後発性
④ 一過性　(　　)

(35) 尊　敬　① 嫌　悪　② 崇　拝　③ 軽　蔑
④ 怨　念　(　　)

(36) 帰　納　① 論　証　② 演　繹　③ 推　理
④ 洞　察　(　　)

(37) 肯　定　① 無　言　② 否　定　③ 反　対
④ 反　論　(　　)

(38) 本　音　① 建　前　② 本　心　③ 虚　言
④ 虚　飾　(　　)

(39) 理　論　① 実　現　② 実　地　③ 理　念
④ 実　践　(　　)

(40) 自　由　① 平　等　② 束　縛　③ 原　則
④ 義　務　(　　)

解答

(1)―② (2)―③ (3)―① (4)―② (5)―④ (6)―③ (7)―③
(8)―① (9)―② (10)―④ (11)―① (12)―② (13)―③ (14)―②
(15)―④ (16)―① (17)―③ (18)―② (19)―③ (20)―④ (21)―③
(22)―① (23)―② (24)―③ (25)―④ (26)―② (27)―① (28)―③
(29)―② (30)―③ (31)―② (32)―③ (33)―② (34)―① (35)―③
(36)―② (37)―② (38)―① (39)―④ (40)―②

検査12 語い(3)

次の4つのことばの中から同意語もしくは反意語の組み合わせになっているものを探し，その記号を解答欄に記入しなさい。

(例)	① 長い	② 高い	③ 太い
	④ 低い		答（②）と（④）
(1)	① おかしい	② 小さい	③ 厄介
	④ こっけい		（　）と（　）
(2)	① 無駄	② 節約	③ 倹約
	④ 豊穣		（　）と（　）
(3)	① いろどり	② 濃い	③ あざやか
	④ 淡い		（　）と（　）
(4)	① 聖	② 純	③ 邪
	④ 俗		（　）と（　）
(5)	① 調書	② 点検	③ 校正
	④ 検査		（　）と（　）
(6)	① 現代	② 世界	③ 現実
	④ 理想		（　）と（　）
(7)	① 廉価	② 多額	③ 安価
	④ 価格		（　）と（　）
(8)	① 限界	② 限度	③ 有限
	④ 期限		（　）と（　）

Guide 上問は，**ことばの意味を弁別する語い力**をみます。それぞれの語句のもつ特有のニュアンスを瞬時に理解し，比較する力が要求されます。日頃から辞書類に親しみ，類語，反意語などについての言語感覚を養っておくようにしましょう。　**正解**は(1)―①と④　(2)―②と③　(3)―②と④　(4)―①と④　(5)―②と④　(6)―③と④　(7)―①と③　(8)―①と②

［検査時間　6 分］

⑴	① 芳香	② 香料	③ 香典
	④ 悪臭		答（　　）と（　　）
⑵	① 許可	② 忍耐	③ 忍者
	④ 辛抱		（　　）と（　　）
⑶	① 反省	② 肝を冷やす	③ くやむ
	④ 後悔		（　　）と（　　）
⑷	① 添加	② 添削	③ 減少
	④ 削除		（　　）と（　　）
⑸	① 細分	② 委細	③ 詳細
	④ 枝葉末節		（　　）と（　　）
⑹	① 回顧	② 追憶	③ 記録
	④ いにしえ		（　　）と（　　）
⑺	① 不遇	② 態度	③ 優遇
	④ 冷遇		（　　）と（　　）
⑻	① 穏健	② 温情	③ 過激
	④ 緩慢		（　　）と（　　）
⑼	① 意地っ張り	② やきもち	③ 嫉妬
	④ 猜疑		（　　）と（　　）
⑽	① 勤勉	② 奮闘	③ 克己
	④ 怠惰		（　　）と（　　）
⑾	① 天才	② 愚鈍	③ 平凡
	④ 凡庸		（　　）と（　　）
⑿	① 外聞	② 外延	③ 内心
	④ 内包		（　　）と（　　）
⒀	① 工夫	② 天然	③ 自然
	④ 被造物		（　　）と（　　）
⒁	① 統制	② 原則	③ 規制
	④ 自制		（　　）と（　　）

⒂ ① 不易 ② 変幻 ③ 流行
④ 一定 （　　）と（　　）

⒃ ① 小気味よい ② 気味が悪い ③ いい気味だ
④ 快い （　　）と（　　）

⒄ ① 職権濫用 ② 賄賂 ③ 贈賄
④ 収賄 （　　）と（　　）

⒅ ① 意地悪 ② 強情 ③ 意地っ張り
④ 直情 （　　）と（　　）

⒆ ① ふさわしい ② 相応した ③ 妥当だ
④ 公正だ （　　）と（　　）

⒇ ① 生産 ② 消費 ③ 消耗
④ 再生 （　　）と（　　）

(21) ① 無理のない ② 無難な ③ どうでもよい
④ あたりさわりのない （　　）と（　　）

(22) ① 慎重 ② 大胆 ③ 小心
④ 野蛮 （　　）と（　　）

(23) ① 散文 ② 韻文 ③ 俳句
④ 小説 （　　）と（　　）

(24) ① 手抜き ② 要領 ③ こつ
④ 秘術 （　　）と（　　）

(25) ① 密接 ② 直接 ③ 接触
④ 間接 （　　）と（　　）

(26) ① 無為 ② 作為 ③ 無理
④ 無意味 （　　）と（　　）

(27) ① 冗談 ② 冗費 ③ 冗漫
④ 冗長 （　　）と（　　）

(28) ① すみやか ② 至急 ③ にごり
④ 浄化作用 （　　）と（　　）

(29) ① 言語障害 ② 話し好き ③ 雄弁
④ 訥弁 （　　）と（　　）

(30) ① 目前　② 隠然　③ 顕然
④ 判然
（　）と（　）

(31) ① 独立　② 独善　③ ひとりよがり
④ 独居
（　）と（　）

(32) ① 忠臣　② 腹心　③ 背信
④ 高弟
（　）と（　）

(33) ① 悲嘆　② 怒号　③ たいらか
④ おだやか
（　）と（　）

(34) ① 簡便　② 明瞭　③ 模索
④ 曖昧
（　）と（　）

(35) ① みくびる　② みそこなう　③ たかをくくる
④ 腹をくくる
（　）と（　）

(36) ① 運動　② 訓練　③ 静止
④ 停止
（　）と（　）

(37) ① 露出　② 露骨　③ 婉曲
④ 無難
（　）と（　）

(38) ① 恥ずかしい　② 恥知らず　③ 恥ずかしめ
④ 破廉恥
（　）と（　）

(39) ① 軽視　② 白眼視　③ 度外視
④ 無視
（　）と（　）

解答

(1)—①と④　(2)—②と④　(3)—③と④　(4)—①と④
(5)—②と③　(6)—①と②　(7)—③と④　(8)—①と③
(9)—②と③　(10)—①と④　(11)—③と④　(12)—②と④
(13)—②と③　(14)—①と③　(15)—①と③　(16)—①と④
(17)—③と④　(18)—②と③　(19)—①と②　(20)—①と②
(21)—②と④　(22)—②と③　(23)—①と②　(24)—②と③
(25)—②と④　(26)—①と②　(27)—③と④　(28)—①と②
(29)—③と④　(30)—②と③　(31)—②と③　(32)—①と②
(33)—③と④　(34)—②と④　(35)—①と③　(36)—①と③
(37)—②と③　(38)—②と④　(39)—③と④

検査
13
文章完成

次の文章をよく読み，文脈上最も適当と思われる語を［　　］の中に入れて文章を完成させなさい。

	問題	答
(例)	夏は冬より夜が［　　］い。	短
(1)	雨が降ると湿度は［　　］くなる。	
(2)	雨が降って地［　　］まる。	
(3)	体育祭は小雨でも［　　］する。	
(4)	体育祭は雨ならば［　　］する。	
(5)	父の恩は山より高く，母の愛は海より［　　］い。	
(6)	天高く，馬［　　］ゆる秋。	
(7)	円が高くなると，ドルは［　　］くなる。	
(8)	一定の収入で本代をふやすと，食費は［　　］る。	
(9)	夕方になるとあたりが［　　］くなる。	
(10)	天気晴朗なれど，波［　　］し。	
(11)	秋口になって，一雨ごとに［　　］くなってきた。	
(12)	血は水よりも［　　］い。	
(13)	坊主が憎けりゃ袈裟まで［　　］い。	
(14)	電車の事故で，集合時間に［　　］れた。	
(15)	勉強不足で，試験場に行くのに気が［　　］い。	

Guide 文脈を的確につかみ，意味の通る語句を充当させるこの検査は，主張の要点を推察する**洞察力や社会常識**をみます。(3)と(4)のような「～でも」「～ならば」という接続詞の細かい違いに留意し，文意を正確に把握することが肝要です。また，(例)は「暑い」でも絶対まちがいとは言えないでしょうが，「短い」の方が季節感からみて妥当でしょう。
正解は(1)—高　(2)—固　(3)—決行　(4)—中止(順延)　(5)—深　(6)—肥　(7)—安　(8)—減(減少す)　(9)—暗　(10)—高　(11)—寒　(12)—濃　(13)—憎　(14)—遅　(15)—重

［検査時間　7分］

		答
(1)	実質収入が減ると生活は□しくなる。	□
(2)	私は午後は忙しいが，午前中は□である。	□
(3)	彼は息子が試験に落ちたので機嫌が□い。	□
(4)	最近の校内暴力には，目を□うものがある。	□
(5)	彼の最近の行状は，目に□るものがある。	□
(6)	月は晴れても心は□だ。	□
(7)	盛える者は必ず□びる。	□
(8)	どう見ても事態が好転することは□いだろう。	□
(9)	良薬口に□し。	□
(10)	子が成長すると親は年を□る。	□
(11)	子には厳しくし，老人は□るべきだ。	□
(12)	さすがに目のつけどころが□う。	□
(13)	彼は早くから頭角を□した。	□
(14)	人生，楽あれば□あり。	□
(15)	社内に□徹底する必要がある。	□
(16)	彼を許すことができるとは，大変腹の□い人だ。	□
(17)	約束は必ず□します。	□
(18)	腹を□って話せる友人がいない。	□
(19)	一人で夜道を歩くとは，気の□い女性だ。	□
(20)	大量に出費したので，ふところが□しい。	□
(21)	ペースは遅いが□に歩む人だ。	□
(22)	本を読んでいると時間を□れる。	□
(23)	これさえあれば□いものはない。	□
(24)	彼は23歳，私は31歳，その□は8歳。	□
(25)	鉄面皮な人には何を言っても□だ。	□
(26)	彼女は喜怒哀楽が□しいので嫌われる。	□
(27)	信ずる者は□われる。	□
(28)	多情多□な人。	□
(29)	彼は才能があるので，みがけば□るだろう。	□

(30) 完成予定が10年先とは，気の□い話だ。
(31) 10億年先の予想とは，気の□くなるような話だ。
(32) あれもこれもと欲張って，何とも気の□い人だ。
(33) 春はのどかなので，心まで□きくなる。
(34) 冗費を節約し，経費の□を省け。
(35) 先の苦労があとで□る。
(36) 柳は緑，花は□。
(37) だんだん疲れてきて動作が□くなる。
(38) 幹部に懐柔されて，条件をすべて□んだ。
(39) 総論は賛成だが，各論には□だ。
(40) 言いたい□のことを言う。
(41) 事と□によっては，計画を延期する。
(42) 乱筆□にてお許し下さい。
(43) 栄枯盛衰は□のならい。
(44) 賛成□により，議案は可決されました。
(45) 目は□の鏡。
(46) 目は□ほどにものを言う。
(47) 自業自得，□から出たさびだ。
(48) もの言えば唇□し秋の風。
(49) タバコの吸いすぎは健康を□する。
(50) 収入15万円，支出18万円，3万円の□だ。
(51) 仕入れ18万円，売上げ15万円，3万円の□だ。
(52) 風が吹くと埃が□う。
(53) 一を聞いて十を□る。
(54) 木で鼻をくくったような□ない態度。
(55) えびで鯛を釣るような□い話にはのるな。
(56) 権力者にへつらって□い汁を吸う。
(57) まかぬ種は生えぬ，まいた種は□り取れ。
(58) あまりに馬鹿らしくて□にならない。
(59) ここまできては，もう打つ□がない。

(60) 予算が少ないので，彼が□を切って支払った。 □

(61) お忙しいでしょうが，お時間を□いて下さい。 □

(62) 経営不振で，営業成績が□わしくない。 □

(63) 彼がどれだけ伸びるか，まだ□数である。 □

(64) あわてず騒がず，□ろに腰を上げる。 □

(65) 決断は慎重に，実行は□やかに。 □

(66) 当店は薄利□をモットーにしております。 □

(67) 被害を□限にくいとめる。 □

(68) 彼の日課は十年一日の如く□わらない。 □

(69) ゴチゴチの教条主義者で，少しも□がきかない。 □

(70) 彼に悪口雑言を□せられた。 □

(71) 参加人数がふえれば，各自の負担が□くなる。 □

(72) 男の子には厳しいくせに，女の子には□い。 □

解答

(1)苦(きび) (2)暇 (3)悪 (4)覆 (5)余 (6)闇 (7)滅 (8)な (9)苦 (10)取 (11)いたわ (12)違 (13)現(わ) (14)苦 (15)周知 (16)太 (17)実行（履行） (18)割 (19)強 (20)さび(空) (21)着実(堅実) (22)忘 (23)怖 (24)差 (25)無駄（駄目，無理） (26)激 (27)救 (28)感 (29)光 (30)長 (31)遠 (32)多 (33)大 (34)無駄 (35)実 (36)紅 (37)鈍(のろ) (38)呑 (39)反対 (40)放題 (41)次第 (42)乱文 (43)世 (44)多数 (45)心 (46)口 (47)身 (48)寒 (49)害 (50)赤字 (51)損失（赤字，損害） (52)舞 (53)知 (54)つれ (55)うま (56)甘(うま) (57)刈 (58)話 (59)手 (60)自腹(身銭) (61)さ (62)思 (63)未知 (64)徐 (65)速 (66)多売 (67)最小 (68)変 (69)融通 (70)浴び (71)軽(少な) (72)甘(やさし)

検査14 文章作成力

次に掲げることばを冒頭にして文章を続け，2行程度の長さの短文を作成しなさい。

(例) 私はいつも11時には寝るようにしているが，週末になると気がゆるんでどうしても夜ふかしをしてしまう。

(1) 素顔

(2) パートナーシップ

(3) 座右の銘

(4) おしゃれ

Guide 上問は，**瞬時にして自分の考えをいかにまとめられるか(構成力)**をみる検査です。と同時に，あなたの日常性を知る好材料となる問題でもあります。したがって，日頃からいろいろな事柄について自分の考えをまとめる訓練をしておくことが大切になります。名文を書くことよりも，主張をすなおにわかりやすく書くのがよいでしょう。なお，冒頭のことばが文章のテーマになることが理想的です。

解答例：(1)素顔の人間とは，心に垣根を持たず，いつも卒直に自分の感情を相手に示す人のことだと思います。

(2)パートナーシップを大切にし，集団のルールを守るべきだが，やはりある程度自分の意見は持っている方がよいと思います。

(3)座右の銘というほどのものではないが，私は「汝の馬車を星につなげ」ということばがとても好きです。

(4)おしゃれの仕方でその人の人となりがわかると思いますので，せめて人によい感じを与える服装をしたいものです。

[検査時間　50分]

(1) JAPAN

(2) 女

(3) 人間性

(4) 家族

(5) 適性

(6) 私の性格

(7) キャリアプラン

(8) 優先席

(9) 海外旅行

(10) 人工授精

(11) 物価

(12) 校内暴力

(13) 離婚

(14) 生きがい

(15) ライフサイクル

(16) 趣味

(17) 有名人

(18) 自然主義

(19) 民間療法

(21) 深夜放送

(21) 週休二日制

(22) 宗教

(23) 孤独

(24) 立身出世

(25) 構造不況

(26) 異性

(27) 職場環境

(28) 核家族

(29) 受験戦争

⑶ 流行語

⑶ 社会人

⑶ コンピュータ

⑶ ストレス解消

⑶ 活字文化

⑶ 都会の喧噪

⑶ 歌謡番組

⑶ 職業選択

⑶ 初恋

⑶ ゆとり世代

⑷ 社会参加

⑷ 差別

⑷ 見合結婚

⑷ 苦手

⑷ アイドル

（解答省略）

検査15 図形推理

一定の規則に従って並んでいる4個の図形から推理して，5番目にくる図形を①～⑤の中から選び記号で答えなさい。

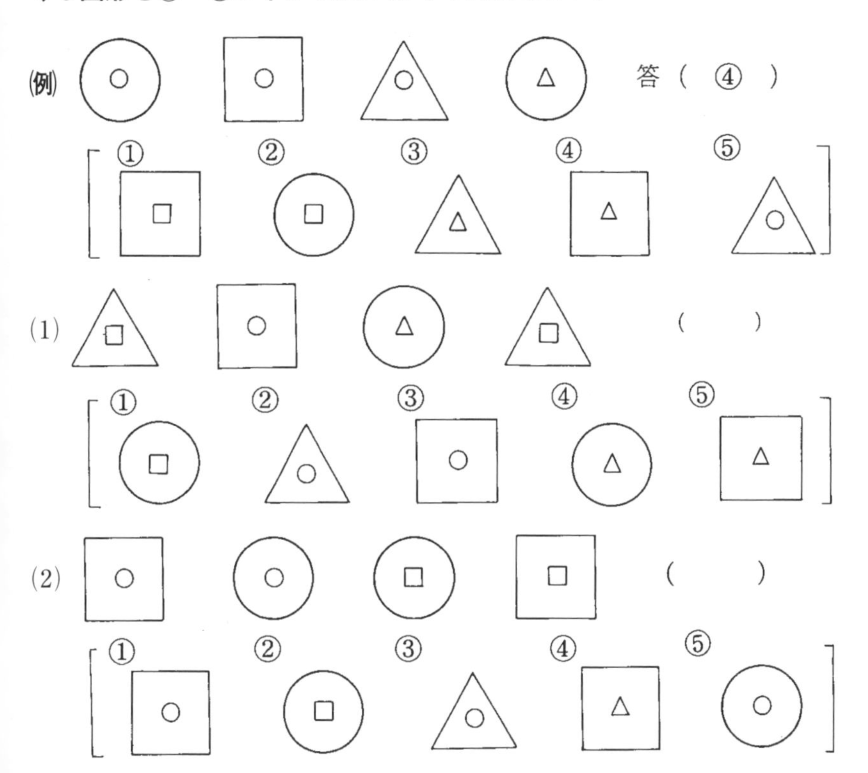

Guide 上問は**推理・判断力**をみる検査です。問題文に「一定の規則に従って並んでいる」とあるように，その系列の規則を把握することが解法のポイントになります。(例)の場合は，○□△が1セットとなって繰り返されていることが推則できると同時に，図形の中に描かれている図形が，1セットにおいては同一であることが判断できます。**正解**は(1)―③　(2)―①

［検査時間　6分］

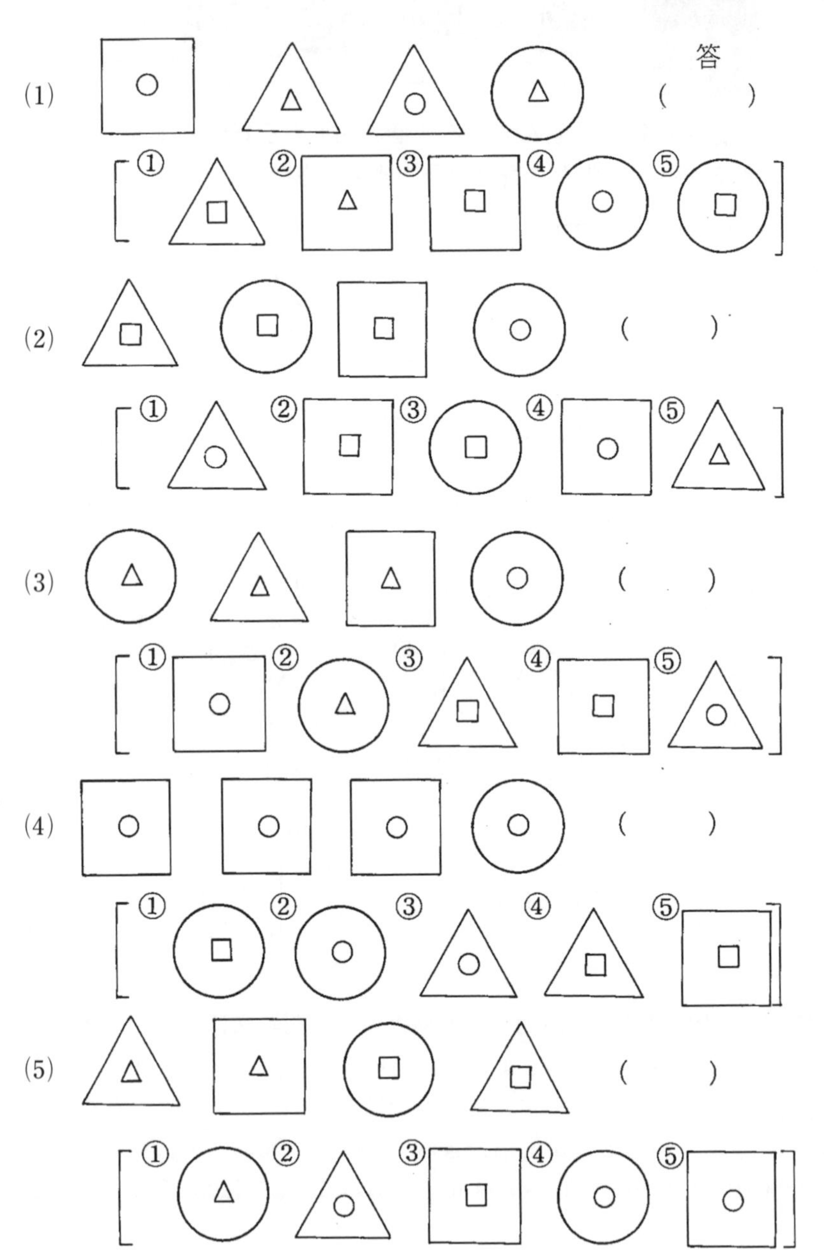

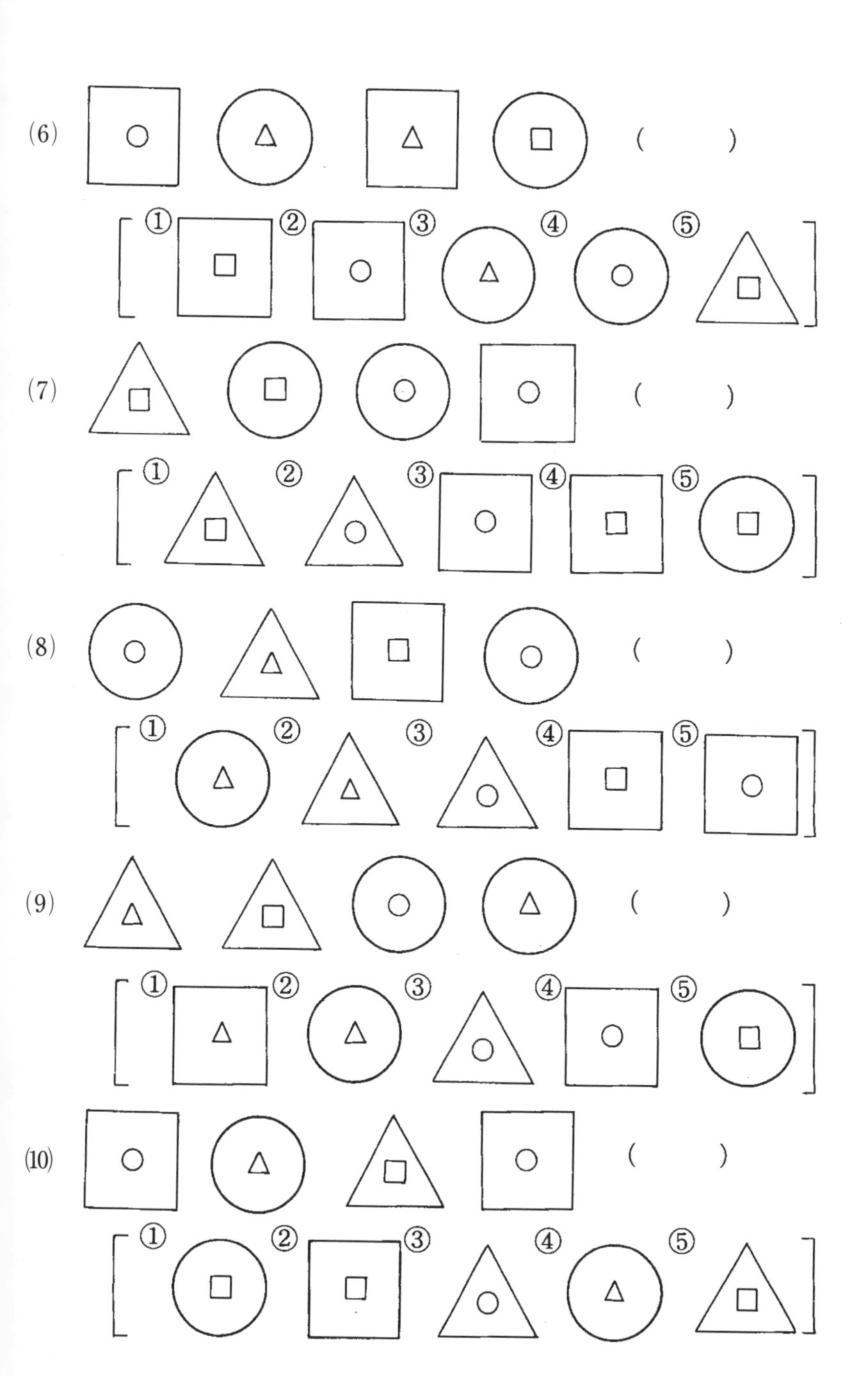
(6)
( )
①
②
③
④
⑤
(7)
( )
①
②
③
④
⑤
(8)
( )
①
②
③
④
⑤
(9)
( )
①
②
③
④
⑤
(10)
( )
①
②
③
④
⑤

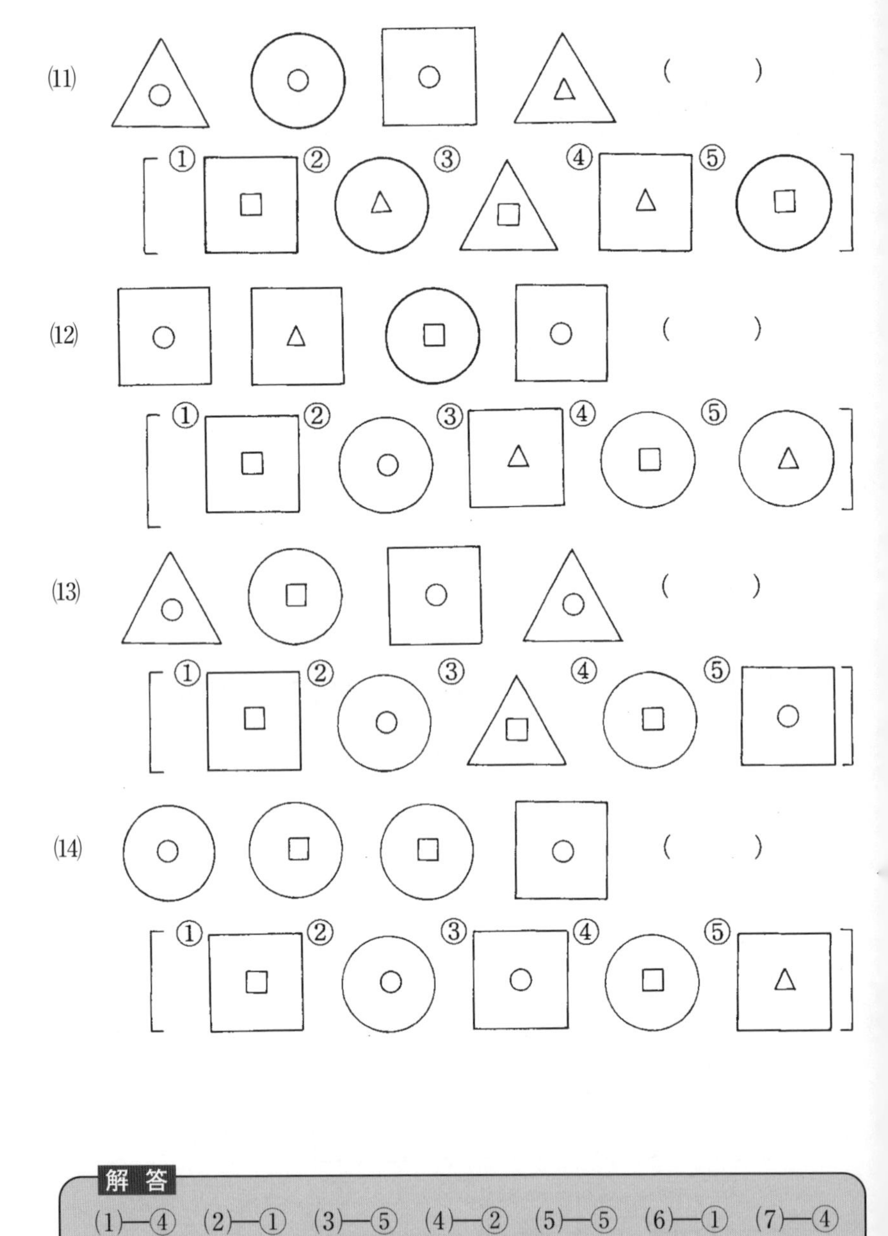

解答

(1)—④　(2)—①　(3)—⑤　(4)—②　(5)—⑤　(6)—①　(7)—④
(8)—②　(9)—⑤　(10)—④　(11)—②　(12)—③　(13)—④　(14)—①

検査16 類　推

左側に掲げた一対の語句と同じ関係になるように，(　　)内に入る語句を①～⑤から選び，記号で記入しなさい。

㈳	シクラメン・園芸植物＝バス：(　⑤　)			① 運　輸
	② 交　通	③ 観光バス	④ 乗用車	⑤ 交通機関
(1)	男：女＝南極：(　　　)			① 方　角
	② 北　極	③ 地　球	④ 北半球	⑤ 厳寒地
(2)	マッチ：タバコ＝かなづち：(　　　)			① く　ぎ
	② かんな	③ のこぎり	④ 大工道具	⑤ た　な
(3)	手紙：郵便局＝住民票：(　　　)			① 結　婚
	② 戸　籍	③ 役　所	④ 電話局	⑤ 住民登録
(4)	ガス：光熱費＝米：(　　　)			① 食　料
	② 食　費	③ 家　計	④ 支　出	⑤ 出　費
(5)	数字：計算＝ことば：(　　　)			① 書　類
	② 書　籍	③ 漢　字	④ 作　文	⑤ 文　字
(6)	寡婦：夫亡人＝弁護士：(　　　)			① 代言人
	② 検　事	③ 弁　士	④ 裁判官	⑤ 裁　判
(7)	姑：嫁＝舅：(　　　)			① 花　嫁
	② 花　婿	③ 女　婿	④ 義　父	⑤ 新郎新婦

Guide 上問は，ことばの概念をどの程度把握しているかをみる**類推力**の検査です。概念を分類・整理する論理的な力，事柄相互の関係性を推理し応用する力が求められます。前段の２語の関係性を文にしてみましょう。㈳なら「シクラメンは園芸植物の一種である」として下さい。(　　)に５つの語を順に入れてみて脈絡が最も無理なくつながるものが，求める答です。　**正解**は(1)―②　(2)―①　(3)―③　(4)―②　(5)―④　(6)―①　(7)―③

[検査時間　5分]

⑴　友達：友情＝神：(　　　)　①　宗教
②　信仰　③　信頼　④　祈願　⑤　経文

⑵　工場：機械＝事務所：(　　　)　①　作業
②　経理　③　机　④　営業　⑤　企画

⑶　バッハ：音楽＝ピカソ：(　　　)　①　芸術
②　抽象画　③　画家　④　絵画　⑤　画廊

⑷　上司：部下＝師匠：(　　　)　①　弟子
②　徒弟　③　学生　④　恩師　⑤　師弟関係

⑸　電球：蛍光燈＝天然ガス：(　　　)　①　都市ガス
②　熱源　③　熱量　④　エネルギー　⑤　電熱器

⑹　風邪：病気＝たんす：(　　　)　①　引き出し
②　椅子　③　家具　④　家　⑤　家具店

⑺　月：天体＝山：(　　　)　①　川
②　丘　③　太陽　④　登山　⑤　自然

⑻　確執：いさかい＝散策：(　　　)　①　徒歩
②　放浪　③　彷徨　④　散歩　⑤　疾走

⑼　独立：従属＝自律：(　　　)　①　自立
②　律法　③　克己　④　隷属　⑤　他律

⑽　物理学：引力＝経済学：(　　　)　①　インフレ
②　労働組合　③　財産権　④　遺産　⑤　外交

⑾　米：穀物＝駅：(　　　)　①　交通
②　建て物　③　電車　④　切符　⑤　建築

⑿　おもなが：顔＝甲高：(　　　)　①　頭
②　胸　③　足　④　長身　⑤　腹

⒀　気がね：遠慮＝妊娠：(　　　)　①　受胎
②　受胎調節　③　出産　④　誕生　⑤　臨月

⒁　白魚：指＝柳：(　　　)　①　四肢
②　腰　③　やせ型　④　美人　⑤　美容

⒂ 全能：万能＝公正：（　　　）　① 公明
② 正大　③ 公平　④ 無私　⑤ 公私

⒃ 健啖家：食欲＝勉強家：（　　　）　① 向学心
② 向上心　③ ガリ勉　④ 研究　⑤ 一心不乱

⒄ 兵隊：戦争＝仲人：（　　　）　① 花嫁
② 結婚　③ 媒酌人　④ 結婚式場　⑤ 新婚

⒅ 愚妻：妻＝豚児：（　　　）　① 家畜
② 夫　③ 息子　④ 父　⑤ 親子

⒆ 芸術：感性＝学問：（　　　）　① 理性
② 理論　③ 直観　④ 感覚　⑤ 理屈

⒇ 長寿：長生き＝短命：（　　　）　① 病弱
② 急死　③ 死亡　④ 自殺　⑤ 夭逝

(21) 自動車：運転＝機械：（　　　）　① 運行
② 技術　③ 技士　④ 作動　⑤ 操縦

(22) 書道：達筆＝剣道：（　　　）　① 名人
② 達人　③ 剣豪　④ 師範　⑤ 有段者

(23) 氏名：芳名＝食べる：（　　　）　① いただく
② 御食事　③ 召される　④ 召し上がる　⑤ 食う

(24) 毀誉：褒貶＝栄枯：（　　　）　① 興亡
② 盛衰　③ 栄辱　④ 進退　⑤ 哀楽

(25) 削除：撤廃＝改良：（　　　）　① 改善
② 進歩　③ 破壊　④ 革新的　⑤ 跳躍

(26) 病気：病巣＝地震：（　　　）　① 震央
② 震度　③ 震源　④ 震音　⑤ 震動

(27) 教育：学校＝司法：（　　　）　① 立法
② 裁判所　③ 裁判　④ 判例　⑤ 行政府

(28) 過食：肥満＝浪費：（　　　）　① 破滅
② 節約　③ 堕落　④ 自業自得　⑤ 破産

(29) 文筆家：売文の徒＝民主政治：（　　　）　① 専制政治
② 暴力革命　③ 衆愚政治　④ 恐怖政治　⑤ 多数決

(30) 猫：ペット＝牛：(　　　) ① 家畜
② 動物 ③ 草食動物 ④ 食用肉 ⑤ 畜生

(31) 臆病：慎重＝野蛮：(　　　) ① 勇気
② 勇敢 ③ 蛮勇 ④ 威風堂々 ⑤ 正義感

(32) 無口：口下手＝饒舌：(　　　) ① 弁舌
② 沈黙 ③ 訥弁 ④ 能弁 ⑤ 有能

(33) 出版：上梓＝臨終：(　　　) ① 末期
② 臨床 ③ 最後 ④ 葬式 ⑤ 一生

(34) 精神：物質＝霊魂：(　　　) ① 物体
② 肉欲 ③ 唯物論 ④ 生身 ⑤ 肉体

(35) 教会：牧師＝神社：(　　　) ① 僧
② 寺院 ③ 住職 ④ 仏像 ⑤ 神主

(36) 病気：治療＝損傷：(　　　) ① 改善
② 新品 ③ 修理 ④ 破壊 ⑤ 工事

(37) 学校：女生徒＝寺院：(　　　) ① 巡礼
② 尼僧 ③ 僧侶 ④ 檀家 ⑤ 悌髪

(38) 作用：反作用＝抽象：(　　　) ① 捨象
② 具象 ③ 物象 ④ 万象 ⑤ 現象

(39) 分解：組み立て＝分析：(　　　) ① 析出
② 統一 ③ 統合 ④ 建築 ⑤ 総合

(40) 令息：愚息＝貴社：(　　　) ① 御社
② 会社 ③ 卑社 ④ 弊社 ⑤ 自社

解答

(1)―② (2)―③ (3)―④ (4)―① (5)―① (6)―③ (7)―⑤
(8)―④ (9)―⑤ (10)―① (11)―② (12)―③ (13)―① (14)―②
(15)―③ (16)―① (17)―② (18)―③ (19)―① (20)―⑤ (21)―⑤
(22)―③ (23)―④ (24)―② (25)―① (26)―③ (27)―② (28)―⑤
(29)―③ (30)―① (31)―② (32)―④ (33)―① (34)―⑤ (35)―⑤
(36)―③ (37)―② (38)―② (39)―⑤ (40)―④

検査17 文章推理

次の①，②の文から③の文意を推論し，＿＿にふさわしい語を解答欄に記入しなさい。

(例) ①　AはBより背が高い。　②　AはCより背が低い。
③　BはCより背が＿＿い。　答（　低　）

(1) ①　春子は秋子の母である。　②　冬子は秋子の娘である。
③　冬子は春子の＿＿である。　（　　）

(2) ①　人間は死ぬものである。　②　親も人間である。
③　親はいつか＿＿。　（　　）

(3) ①　親は皆子供をかわいがる。　②　彼は人の親である。
③　彼は子供を＿＿。　（　　）

(4) ①　酒類は人を酔わせる。　②　ウィスキーは酒である。
③　ウィスキーは人を＿＿。　（　　）

(5) ①　雨が降れば地面がぬれる。　②　地面が乾いている。
③　雨は降＿＿。　（　　）

(6) ①　天気がよければ出かけるつもりだ。　②　天気がよい。
③　だから＿＿。　（　　）

(7) ①　馬は動物である。　②アオは仔馬である。
③　アオは＿＿である。　（　　）

Guide 上問は，いわゆる三段論法の形式をとった文章推理で，既知の事実から未知の事実を推論する**論証能力**をみます。この形式では，前提の①と②をつき合わせれば必ず③の結論が導き出されるしくみになっています。また3つの命題には，(例)のA，B，Cのように，2つないし3つの事項が数回登場します。図を描くなどしてこれらの事項の比量，因果，包含などの関係を整理すればすぐに答はわかるはずです。
正解は，(1)孫　(2)死ぬ　(3)かわいがる　(4)酔わせる　(5)らなかった　(6)出かける（出かけるつもりだ）　(7)動物

［検査時間　6分］

⑴　①　両親のどちらかが行かねばならぬ。　②　父は行けない。
③　だから＿＿が行く。　答（　　　）

⑵　①　A子はB子より年上だ。　②　A子はC子より年下だ。
③　B子はC子より＿＿だ。　（　　　）

⑶　①　一郎は太郎の息子である。　②　太郎と次郎は兄弟である。　③　次郎は一郎の＿＿である。　（　　　）

⑷　①　この学校の生徒は校章をつける。　②　A子は校章をつけていない。　③　A子はこの学校の生徒で＿＿。（　　　）

⑸　①　法律を犯せば罰せられる。　②　盗みは犯罪である。
③　盗みをすれば＿＿。　（　　　）

⑹　①　彼は学校か家かどちらかにいる。　②　彼は家にいない。
③　だから彼は＿＿にいる。　（　　　）

⑺　①　英雄はみな大胆である。　②　彼は英雄であった。
③　彼も＿＿であったに違いない。　（　　　）

⑻　①　教師は友人とは一線を画すべきだ。　②　山田氏は私の教師である。　③　山田氏は私の＿＿ではない。（　　　）

⑼　①　彼が行かないとしたら私が行く。　②　彼は行かない。
③　だから私は＿＿。　（　　　）

⑽　①　A君はB君よりも速く走る。　②　B君はC君よりも速く走る。　③　C君はA君よりも走るのが＿＿。　（　　　）

⑾　①　花子はこの村で1番優秀だ。　②　正子はこの村の人だ。
③　花子は正子より＿＿だ。　（　　　）

⑿　①　走らなければ遅刻する。　②　よしおは遅刻しなかった。
③　よしおは＿＿。　（　　　）

⒀　①　この会社の人はみなよく働く。　②　A氏はこの会社の社員である。　③　A氏はよく＿＿。　（　　　）

⒁　①　2時になると彼が必ず来る。　②　彼はまだ来ていない。
③　今の時刻は2時＿＿だろう。　（　　　）

⒂ ① この犬は病気の時以外はよくほえる。 ② 今はほえていない。 ③ この犬は____に違いない。（ ）

⒃ ① よし子の母は正直だ。 ② 親子の性格は似るものだ。
③ よし子は____であるに違いない。 （ ）

⒄ ① このベルは異常な時には必ず鳴る。 ② 今ベルは鳴っていない。 ③ 事態は____なのだろう。 （ ）

⒅ ① この商品を500円以下で売ると損をする。② この商品を800円で売る。③ だから売り手は____をする。（ ）

⒆ ① 私は毎日12時から6時まで眠る。 ② 現在11時半だ。
③ 私は今____ている。 （ ）

⒇ ① 6月になると梅雨になる。 ② 梅雨になるとカビが出る。 ③ 6月になるとカビが____。 （ ）

(21) ① 7月になると梅雨が終わる。 ② 梅雨時は湿度が高い。
③ 7月になると湿度が____くなる。 （ ）

(22) ① 5時から6時は電車が混む。② 混んだ電車は避けたい。
③ だから____時過ぎに電車に乗ろう。 （ ）

(23) ① 夫婦は喜怒哀楽を共にする。 ② 夫が悲しむ。
③ 妻も____。 （ ）

(24) ① 人数がふえると分け前は少なくなる。 ② 人数が減った。 ③ 分け前は____。 （ ）

(25) ① 3分間黙禱をささげた。② 3時15分に黙禱が終わった。
③ 黙禱は____に始まったことになる。 （ ）

(26) ① A社に就職するかB社にするかどちらかだ。 ② B社には行きたくない。 ③ 就職は____にしよう。（ ）

(27) ① 時計が5分進んでいる。 ② 会社は5時に終わる。
③ 会社が終わる時，時計は____をさしている。（ ）

(28) ① 早く着いた方に賞金を出す。 ② AはBのあとに来た。
③ Aは賞金を____。 （ ）

(29) ① 敗者が勝者に金を支払う。 ② AがBに勝った。
③ Aは金を____。 （ ）

(30) ① A組で花子だけがメガネをかけている。 ② よしおはA組の生徒である。 ③ よしおはメガネを____。(　　　　)

(31) ① ここにいるのは老人か病人だ。 ② A君は25歳でここにいる。 ③ A君は____なのだろう。(　　　　)

(32) ① 父は饒舌な人が嫌いだ。 ② 文子は無口だ。
③ 文子は父に____ことはなかろう。 (　　　　)

(33) ① 彼は満腹すると上機嫌になる。 ② 彼は今日は朝から怒ってばかりいる。 ③ 彼は____なのだろう。
(　　　　)

(34) ① 春になると桜が咲く。 ② 今は12月である。
③ 桜は____。 (　　　　)

(35) ① 礼儀正しい人は夜遅く電話をしないものだ。 ② 彼はときどき夜遅く電話をよこす。 ③ 彼は____な人だ。
(　　　　)

(36) ① 人事課で課長以外の人は議案に反対した。 ② A氏は人事課次長である。 ③ A氏は議案に____した。(　　　　)

(37) ① 試験に合格するには勉強するべきだ。 ② 私には勉強する時間がない。 ③ 私は試験に____だろう。(　　　　)

(38) ① 読書を好まない人は文章が下手だ。 ② C氏は文章に自信をもっている。 ③ C氏は読書を____。(　　　　)

解答

(1)母 (2)年下 (3)おじ (4)ない (5)罰せられる (6)学校 (7)大胆 (8)友人 (9)行く (10)遅い (11)優秀 (12)走った (13)働く (14)前 (15)病気 (16)正直 (17)正常 (18)得 (19)起き (20)出る (21)低 (22)6 (23)悲しむ (24)ふえた (25)3時12分 (26)A社 (27)5時5分 (28)もらわない (29)受け取る(もらう) (30)かけていない (31)病気(病人) (32)嫌われる (33)空腹 (34)咲いていない (35)失礼(無礼，非常識) (36)反対 (37)落ちる (38)好む

検査18 照　　合 (1)

次の手引と照合して同じものがあれば○，そうでないものには×印を例にならって記入しなさい。

〔手　引〕

W	X	Y	S	Z
イ	ニ	ロ	ト	ハ

(例)

W	X	Z	W	S	Y	X	Z
ト	イ	ハ	イ	ロ	ロ	ニ	ト
×	×	○	○	×	○	○	×

(1)

Y	X	W	S	Z	K	S	T
ロ	エ	イ	ハ	ト	ニ	ト	コ

(2)

S	X	Q	X	Y	Z	W	Y
イ	ニ	ハ	エ	ロ	ヘ	イ	ヨ

Guide 上問は**判別力**をみる検査ですが，より速く，より正確にチェックすることが望まれます。このような単純な問題は，ややもすれば肩の力を抜きがちで，そのための失敗を多くみます。易しいものほど慎重にという問題の１つでしょう。解法のポイントは面倒がらずに手引と１つずつ照合することと，類似のアルファベットおよびカタカナに惑わされないためにも落ちついて処理することです。　**正解**は(1)―○×○×××○×　(2)―×○××○×○×

[検査時間　3分]

〔手　引〕

N ト	D イ	H フ	W サ	R ヨ

(1)	R コ	H フ	W ヨ	H ク	D イ	R エ	N ト	W シ
(2)	H フ	D ノ	W サ	N イ	H ワ	D イ	W チ	R ヨ
(3)	N テ	R ヨ	H ク	D ト	W サ	N ト	R イ	H ソ
(4)	D カ	W ト	H フ	R サ	D イ	N メ	H ラ	W サ
(5)	N ト	R コ	W サ	D ヨ	N ホ	H フ	W ウ	R ユ
(6)	H ス	R コ	D イ	H ウ	N ト	W マ	R ヨ	D ア

〔手　引〕

E	X	M	S	Y
ネ	ヒ	セ	ホ	モ

(7)	X セ	S ホ	Y キ	M セ	E オ	N ヒ	X ヒ	S ト
(8)	Y モ	X ヒ	Z ネ	E ホ	T ヒ	M ヤ	S オ	E ネ
(9)	S ヒ	F ネ	X ホ	N セ	K ヒ	Y モ	E ネ	M セ
(10)	E ホ	M モ	S ス	E ネ	L セ	Z ヒ	M セ	X ヤ
(11)	S オ	Y モ	F ネ	M ヒ	X セ	Y キ	S ホ	Z ヒ
(12)	M オ	Z ヒ	E ネ	K ヒ	S ト	M セ	F ネ	Y モ
(13)	X ヒ	N セ	Y モ	E ネ	X ヤ	S ホ	Y ヒ	M セ

〔手　引〕 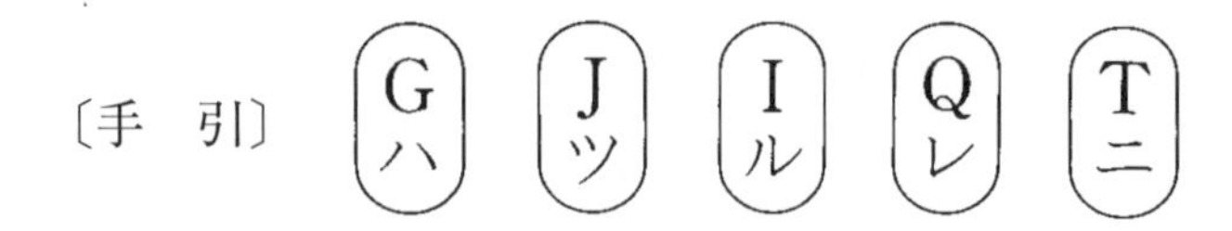

⒁ 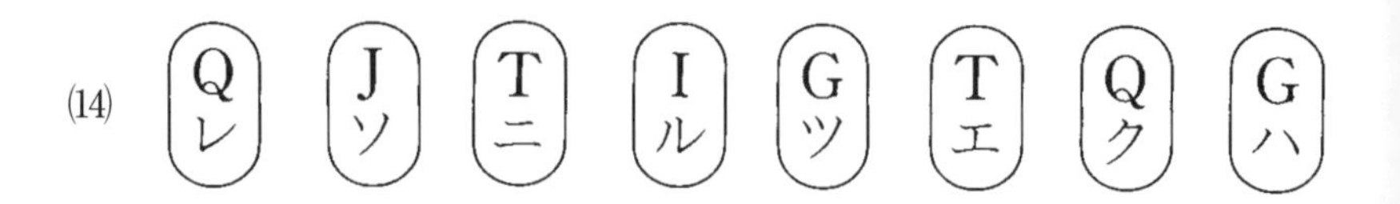

⒂ J ツ　T ヘ　G メ　J シ　O レ　G ハ　I レ　B カ

⒃ T ニ　G ナ　H ソ　Q レ　I リ　L ツ　J ソ　O レ

⒄ I ル　J シ　G ハ　T エ　J ツ　Q ル　D ハ　T ニ

解　答

⑴ × ○ × × ○ × ○ ×　　⑵ ○ × ○ × × ○ × ○
⑶ × ○ × × ○ ○ × ×　　⑷ × × ○ × ○ × × ○
⑸ ○ × ○ × × ○ × ×　　⑹ × × ○ × ○ × ○ ×
⑺ × ○ × ○ × × ○ ×　　⑻ ○ ○ × × × × × ○
⑼ × × × × × ○ ○ ○　　⑽ × × × ○ × × ○ ×
⑾ × ○ × × × × ○ ×　　⑿ × × ○ × × ○ × ○
⒀ ○ × ○ ○ × ○ × ○　　⒁ ○ × ○ ○ × × × ○
⒂ ○ × × × × ○ × ×　　⒃ ○ × × ○ × × × ×
⒄ ○ × ○ × ○ × × ○

検査19 照　合 (2)

次に掲げる正本と副本を照合し，正本と異なる副本の個所の番号を下の解答欄に記入しなさい。

	〔正 本〕					〔副 本〕				
	①	②	③	④	⑤	①	②	③	④	⑤
(例)	当初	の予	定で	は3	月上	当時	の予	定で	は3	月上
(1)	人間	とし	て最	低の	部類	人間	とし	て最	底の	部類
(2)	近年	中学	生の	体格	の発	近年	中学	生の	体力	の発
(3)	合議	によ	り完	璧な	計画	合議	によ	り完	壁な	計画
(4)	各自	が担	当の	部署	で責	各自	が担	当の	部所	で責
(5)	世界	経済	を活	性化	する	世界	経済	の活	性化	する
(6)	今回	の経	産省	の方	針は	今回	の経	産省	の方	向は
(7)	メソ	ポタ	ミア	文明	の発	メソ	ポタ	ニア	文明	の発
(8)	広告	業界	では	当面	の募	広告	業界	では	当面	は募
(9)	アメ	リカ	大統	領選	挙は	アメ	リカ	大統	領選	誉は
(10)	偽作	とさ	れて	いた	徳川	偽作	をさ	れて	いた	徳川

〔解 答 欄〕(例)（ ① ）

(1)（　　）　(2)（　　）　(3)（　　）　(4)（　　）

(5)（　　）　(6)（　　）　(7)（　　）　(8)（　　）

(9)（　　）　(10)（　　）

Guide 上問は**判別力・機敏さ**をみますが，文字力がその基礎になります。似た漢字や誤りやすい漢字の誤用，かなづかいの誤り，同義語・類語による誤りなど，副本のまちがい方は多種多様です。したがって，正本の文意に気をとられず，機械的に各セクションごとの文字を追っていく方が堅実といえましょう。　**正解**は(1)—④　(2)—④　(3)—④　(4)—④　(5)—③　(6)—⑤　(7)—③　(8)—⑤　(9)—⑤　(10)—②

［検査時間　4分］

	〔正　本〕					〔副　本〕				
	①	②	③	④	⑤	①	②	③	④	⑤
(1)	今回	の報	告書	では	一昨	今度	の報	告書	では	一昨
(2)	急速	な技	術革	新で	公社	急速	の技	術革	新で	公社
(3)	国際	通貨	基金	の資	料に	国際	通貸	基金	の資	料に
(4)	元代	はキ	リス	ト教	の東	元代	のキ	リス	ト教	の東
(5)	歌舞	伎は	資料	研究	の現	歌舞	伎の	資料	研究	の現
(6)	男女	平等	は一	日に	して	男女	平等	は一	目に	して
(7)	中高	全体	の校	内暴	力発	中高	全部	の校	内暴	力発
(8)	退学	処分	を受	けた	生徒	停学	処分	を受	けた	生徒
(9)	開店	記念	セー	ル全	品半	閉店	記念	セー	ル全	品半
(10)	日本	近海	は移	動性	高気	日本	近辺	は移	動性	高気
(11)	主要	先進	国首	脳会	議に	主要	先進	国主	脳会	議に
(12)	第十	三回	参院	通常	選挙	第十	三回	参員	通常	選挙
(13)	古代	エジ	プト	人に	よる	古代	エヂ	プト	人に	よる
(14)	調査	は健	康や	意識	を多	調査	は健	康と	意識	を多
(15)	ベン	チに	憩う	老夫	婦の	ベン	チに	憩う	老夫	妻の
(16)	父は	高齢	で死	去し	たが	父は	高年	で死	去し	たが
(17)	火災	の発	生の	多い	冬の	火災	の発	生が	多い	冬の
(18)	都内	約一	万二	千二	百余	都内	約二	万二	千二	百余
(19)	夫は	妻に	妻は	子に	依存	夫は	妻に	妻は	夫に	依存
(20)	この	とこ	ろ景	気が	停滞	この	とこ	ろ景	気が	低滞

〔解 答 欄〕

(1)（　　）　(2)（　　）　(3)（　　）　(4)（　　）
(5)（　　）　(6)（　　）　(7)（　　）　(8)（　　）
(9)（　　）　(10)（　　）　(11)（　　）　(12)（　　）
(13)（　　）　(14)（　　）　(15)（　　）　(16)（　　）
(17)（　　）　(18)（　　）　(19)（　　）　(20)（　　）

	〔正本〕					〔副本〕				
	①	②	③	④	⑤	①	②	③	④	⑤
(21)	定年	退職	して	満2	年が	定年	退職	して	丸2	年が
(22)	参院	選挙	は三	日公	示さ	参院	選挙	は三	日告	示さ
(23)	予防	歯科	の専	門家	は幼	予防	歯科	の専	問家	は幼
(24)	警視	庁防	犯部	は東	京の	警視	庁防	犯課	は東	京の
(25)	患者	が医	者に	対し	てい	患者	が医	師に	対し	てい
(26)	悪夢	のよ	うな	一夜	が過	悪魔	のよ	うな	一夜	が過
(27)	更年	期障	害と	して	の頭	高年	期障	害と	して	の頭
(28)	地震	で砂	と地	下水	が揺	地震	で破	と地	下水	が揺
(29)	中教	審の	答申	は12	日政	中教	審の	答申	は12	月政
(30)	この	デー	タで	見る	限り	この	デー	タを	見る	限り
(31)	所得	の増	加に	つれ	て社	所得	の増	加に	つれ	て会
(32)	小学	校児	童の	平均	摂取	小学	校児	童の	平均	採取
(33)	創立	20周	年記	念パ	ーテ	創業	20周	年記	念パ	ーテ
(34)	被害	は大	きく	復旧	のメ	被害	が大	きく	復旧	のメ
(35)	非行	の実	態を	調査	した	悲行	の実	態を	調査	した
(36)	60年	代後	半か	ら70	年代	60年	代前	半か	ら70	年代
(37)	最近	にな	って	よう	やく	最近	にな	って	やう	やく
(38)	博士	課程	終了	者に	は学	博士	過程	終了	者に	は学
(39)	身体	障害	者の	現状	によ	身体	障害	者の	現実	によ
(40)	徹夜	の仕	事は	体力	を消	徹夜	の仕	事は	体力	の消
(41)	人工	授精	を研	究し	てい	人工	受精	を研	究し	てい

〔解答欄〕

(21)（　　）　(22)（　　）　(23)（　　）　(24)（　　）
(25)（　　）　(26)（　　）　(27)（　　）　(28)（　　）
(29)（　　）　(30)（　　）　(31)（　　）　(32)（　　）
(33)（　　）　(34)（　　）　(35)（　　）　(36)（　　）
(37)（　　）　(38)（　　）　(39)（　　）　(40)（　　）
(41)（　　）

	〔正　本〕					〔副　本〕				
	①	②	③	④	⑤	①	②	③	④	⑤
(42)	某書	店の	協力	によ	って	甘書	店の	協力	によ	って
(43)	腹の	立つ	こと	には	経理	腹の	たつ	こと	には	経理
(44)	従来	の全	国区	は絶	大な	従来	の全	国圏	は絶	大な
(45)	長寿	を祝	って	子や	孫た	長命	を祝	って	子や	孫た
(46)	毎年	今頃	にな	ると	人恋	毎年	今時	にな	ると	人恋
(47)	一時	は勘	当し	た息	子だ	一時	は堪	当し	た息	子だ
(48)	転職	を考	える	時は	仕事	転職	を考	えた	時は	仕事
(49)	兵庫	県西	宮市	にあ	るさ	兵庫	県西	宮郡	にあ	るさ
(50)	手作	りの	味を	楽し	める	手造	りの	味を	楽し	める
(51)	ブー	ムに	乗っ	てか	昨今	フー	ムに	乗っ	てか	昨今
(52)	キャ	ビン	クル	ーの	仕事	キャ	ビン	ワル	ーの	仕事
(53)	愛鳥	週間	にこ	そこ	のよ	愛鳥	週刊	にこ	そこ	のよ
(54)	主婦	の昼	間の	過ご	し方	主婦	の昼	寝の	過ご	し方

〔解 答 欄〕

(42)（　　）　(43)（　　）　(44)（　　）　(45)（　　）
(46)（　　）　(47)（　　）　(48)（　　）　(49)（　　）
(50)（　　）　(51)（　　）　(52)（　　）　(53)（　　）
(54)（　　）

解 答

(1)―①　(2)―②　(3)―②　(4)―②　(5)―②　(6)―④　(7)―②
(8)―①　(9)―①　(10)―②　(11)―③　(12)―③　(13)―②　(14)―③
(15)―⑤　(16)―②　(17)―③　(18)―②　(19)―④　(20)―⑤　(21)―④
(22)―④　(23)―④　(24)―③　(25)―③　(26)―①　(27)―①　(28)―②
(29)―⑤　(30)―③　(31)―⑤　(32)―⑤　(33)―①　(34)―②　(35)―①
(36)―②　(37)―④　(38)―②　(39)―④　(40)―⑤　(41)―②　(42)―①
(43)―②　(44)―③　(45)―①　(46)―②　(47)―②　(48)―③　(49)―③
(50)―①　(51)―①　(52)―③　(53)―②　(54)―③

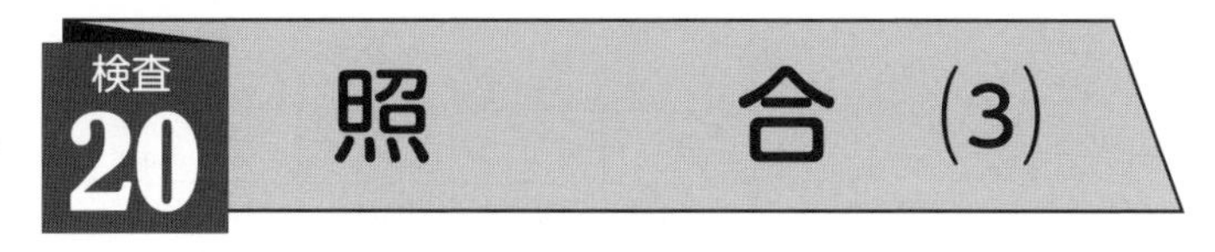

下に掲げる数字を手引と照合し，誤りが１つならば①，２つならば②というように（　　）の中に記入しなさい。

〔手　引〕

	あ	い	う	え
イ	2196	3852	1968	2198
ロ	6271	9815	2192	1343
ハ	3891	4561	7865	4215

(例)	イあ 2176	ロう 2182	ハあ 3891	ロう 2193	（③）
(1)	ハい 4561	イえ 2187	イう 1969	イあ 2196	（　）
(2)	ロい 9815	ロえ 1342	イい 3852	ハえ 4215	（　）
(3)	ロう 1968	ロえ 1343	ハう 7866	イあ 2197	（　）
(4)	イえ 2198	ロい 9817	イえ 2199	ハう 7865	（　）
(5)	ロあ 6271	イう 2193	イあ 2196	ハあ 3890	（　）
(6)	ハう 7865	ハい 4561	ロう 2192	ハう 7865	（　）
(7)	イえ 2199	ロえ 1343	ロい 9811	ハい 4566	（　）
(8)	ハう 7855	イあ 2996	ハあ 3891	ロい 9915	（　）
(9)	イい 3852	ロえ 1342	ロう 2192	イう 1998	（　）

Guide 上問は，事を機敏に，しかも的確に処理できるかどうかをみる**判別力テスト**です。手順は単純で機械的ですが，それだけに縦列と横列をまちがえるなどの単純ミスに陥りかねません。また，数字のまちがいの数でなく正しいものの数を記入したりしないように注意。最初は落ちついてしっかりと照合し，徐々にスピードアップしていきましょう。　**正解**は，(1)—②　(2)—①　(3)—③　(4)—②　(5)—②　(6)—⓪　(7)—③　(8)—③　(9)—②

[検査時間　9分]

〔手　引〕

	ア	イ	ウ	エ
A	39.12	48.56	75.14	67.38
B	0.597	1.001	1.225	2.387
C	471.2	874.1	881.5	913.7

(1)　A ウ 751.3　B イ 1.001　A エ 673.8　C イ 874.1　(　　)
(2)　B ウ 12.25　B エ 2.387　C イ 87.41　A ア 3.912　(　　)
(3)　C イ 847.1　A ア 3.912　B エ 2.378　C イ 8.741　(　　)
(4)　C ウ 881.5　B エ 2.387　A イ 48.65　C イ 87.41　(　　)
(5)　B ア 39.21　C イ 871.4　B エ 2.387　B ア 0.597　(　　)
(6)　B エ 2.387　A ウ 57.14　C ウ 881.5　C エ 913.7　(　　)
(7)　A エ 67.38　A イ 58.46　C エ 9.137　B イ 1.001　(　　)
(8)　B イ 100.1　C ア 471.2　C イ 874.1　C ア 472.1　(　　)
(9)　A イ 48.65　B エ 23.87　B ア 0.597　C イ 874.1　(　　)
(10)　C エ 913.7　A イ 48.56　B ア 0.597　B ウ 1.255　(　　)

〔手　引〕

	い	ろ	は	に
I	597	684	789	312
II	8715	9216	4105	1038
III	59	47	84	13

(11)　IIは 4104　Iろ 684　IIい 8715　IIIは 84　(　　)
(12)　Iは 798　IIろ 9126　IIIろ 47　IIIい 579　(　　)
(13)　Iろ 684　Iに 321　IIIい 59　IIは 4015　(　　)
(14)　IIに 1308　IIIろ 74　Iい 59　Iろ 684　(　　)
(15)　IIIに 130　IIろ 9126　IIに 1038　Iい 579　(　　)
(16)　IIIは 84　IIに 1038　Iろ 648　Iは 798　(　　)
(17)　IIIに 13　IIい 8517　IIに 1308　Iろ 684　(　　)
(18)　IIい 8715　Iに 321　Iい 597　IIは 4105　(　　)

⑲	Ⅰに 8715	Ⅰい 597	Ⅱろ 9216	Ⅲは 84	(　　)
⑳	Ⅱい 8715	Ⅰに 8715	Ⅲに 4105	Ⅱに 1037	(　　)

〔手　引〕

	a	b	c	d
あ	93.01	5.175	631.9	3781
い	0.01	513	875	442
う	18	5.1	8.3	0.1

㉑	あ b 51.75	う b 51	う c 8.3	あ c 613.9	(　　)
㉒	い a 0.01	あ a 930.1	あ b 0.01	う d 0.1	(　　)
㉓	い d 4.42	あ c 631.9	い d 422	い b 531	(　　)
㉔	あ a 93.02	あ d 3781	あ b 51.75	う a 93.01	(　　)
㉕	う a 18	あ c 613.9	い d 4.42	い a 0.01	(　　)
㉖	あ d 3871	い b 513	い d 442	う c 8.3	(　　)
㉗	い c 785	う c 8.3	あ b 5.175	あ a 93.01	(　　)
㉘	う c 3.8	い d 442	い b 513	あ d 3781	(　　)
㉙	い a 0.01	う b 5.1	い c 875	あ c 631.9	(　　)
㉚	あ c 18	い a 5.175	う d 1.0	い c 5.1	(　　)

〔手　引〕

	イ	ロ	ハ	ニ
a	59.1	632.7	1.8	1
b	6.75	57.02	8	22
c	5	93	807	5.911

⑶1 a イ 59.1　c ロ 98　b ニ 22　a ニ 22　(　　)
⑶2 c イ 50　b ロ 570.2　a ハ 18　b ハ 8　(　　)
⑶3 c ニ 5.991　a ニ 1　b イ 6.75　a ロ 623.7　(　　)
⑶4 b イ 6.75　b ハ 8　c イ 1.8　a ニ 5.911　(　　)
⑶5 c ロ 93　a イ 5.91　b ロ 50.72　b ニ 2.2　(　　)
⑶6 a イ 59.1　b イ 76.5　c イ 5　c ロ 9.3　(　　)
⑶7 a ロ 623.7　b ニ 22　a ハ 1.8　c イ 5　(　　)
⑶8 c ロ 93　c ハ 8.07　a ニ 1.1　b ロ 570.2　(　　)
⑶9 c ハ 807　b ニ 22　a ロ 632.7　b イ 6.75　(　　)
⑷0 c ニ 5.911　b イ 6.76　c ハ 807　c ニ 5.911　(　　)

解答

(1)—②　(2)—③　(3)—④　(4)—②　(5)—②　(6)—①　(7)—②
(8)—②　(9)—②　(10)—①　(11)—①　(12)—③　(13)—②　(14)—③
(15)—③　(16)—②　(17)—②　(18)—①　(19)—①　(20)—③　(21)—③
(22)—②　(23)—③　(24)—③　(25)—②　(26)—①　(27)—①　(28)—①
(29)—⓪　(30)—④　(31)—②　(32)—③　(33)—②　(34)—②　(35)—③
(36)—②　(37)—①　(38)—③　(39)—⓪　(40)—①

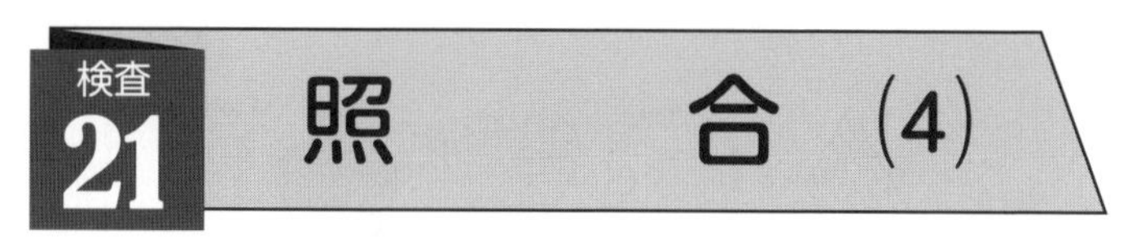

検査21 照合(4)

左の図形と右の数字を手引と照合し，合致しないものの数を（　　）の中に記入しなさい。

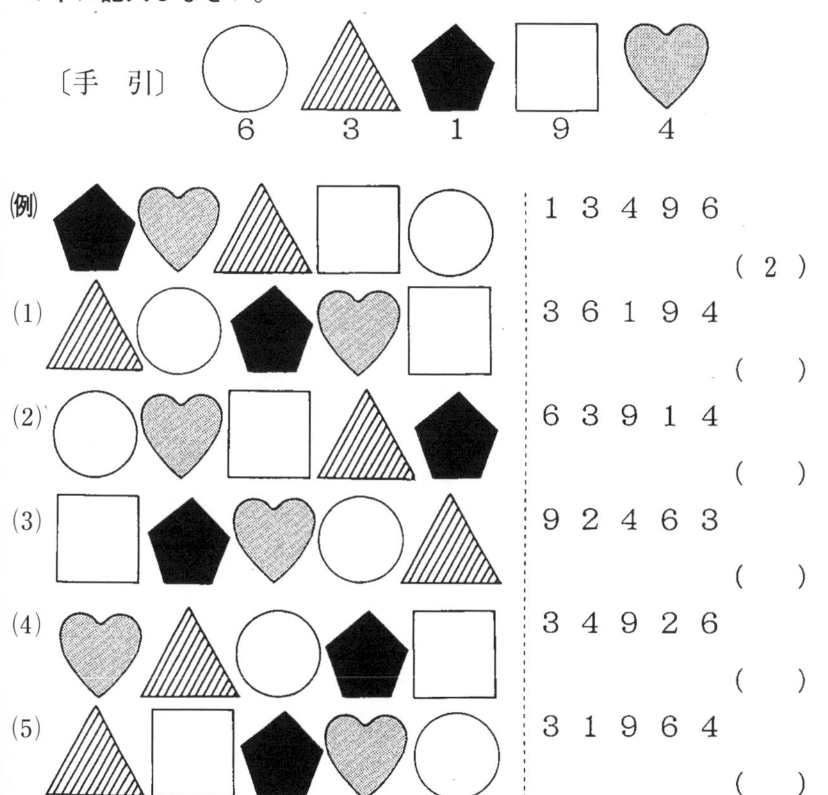

Guide ただ単に図形を照合させるだけでなく，組み合わされている数字をも照合させるという問題で，**判別力および適応能力**をみます。解法のコツは，あせらずに1つずつ照合することです。合致する数字を余白にメモするのもよいでしょう。各人の性格をそのまま写し出すという一面があることを忘れないように！

正解は(1)―2　(2)―3　(3)―1　(4)―5　(5)―4

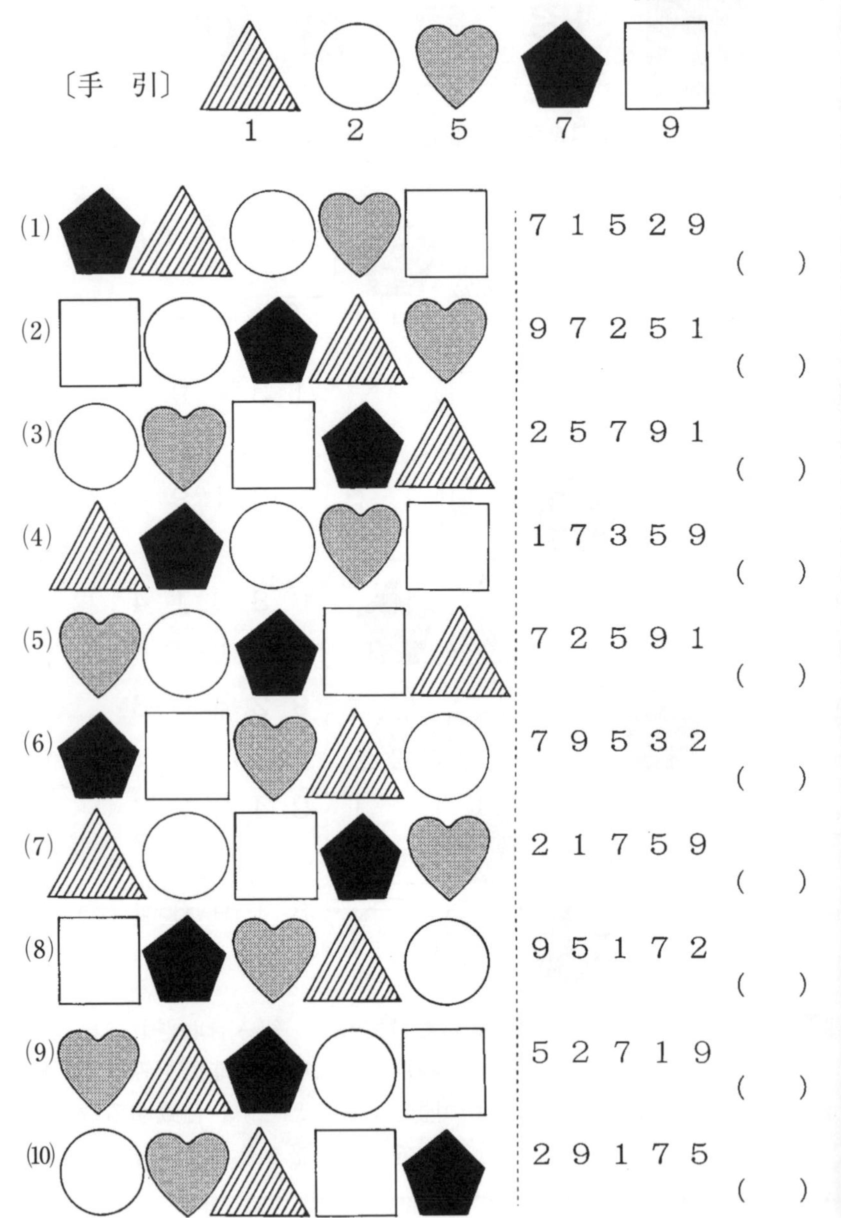

[検査時間　3分]
〔手　引〕
1　2　5　7　9
(1)　7 1 5 2 9　(　)
(2)　9 7 2 5 1　(　)
(3)　2 5 7 9 1　(　)
(4)　1 7 3 5 9　(　)
(5)　7 2 5 9 1　(　)
(6)　7 9 5 3 2　(　)
(7)　2 1 7 5 9　(　)
(8)　9 5 1 7 2　(　)
(9)　5 2 7 1 9　(　)
(10)　2 9 1 7 5　(　)

〔手　引〕

3　7　5　8　0

(11)　8 7 6 5 3　(　　)

(12)　0 3 8 5 7　(　　)

(13)　7 8 5 3 0　(　　)

(14)　3 0 8 7 5　(　　)

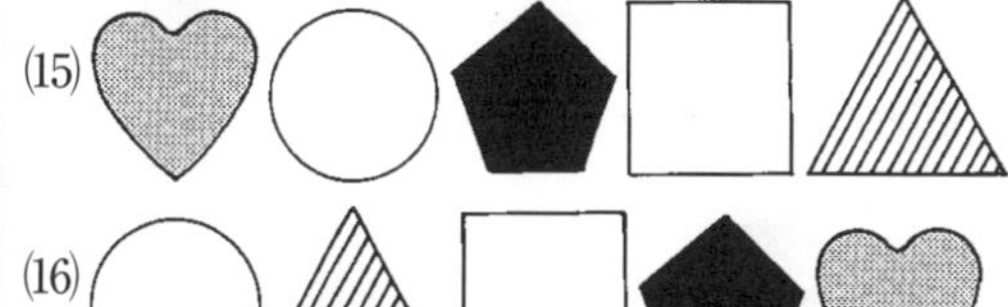

(15)　3 7 5 8 0　(　　)

(16)　5 9 0 7 3　(　　)

(17)　8 7 2 4 6　(　　)

(18)　5 7 8 0 2　(　　)

(19)　0 6 5 8 3　(　　)

(20)　3 7 5 8 0　(　　)

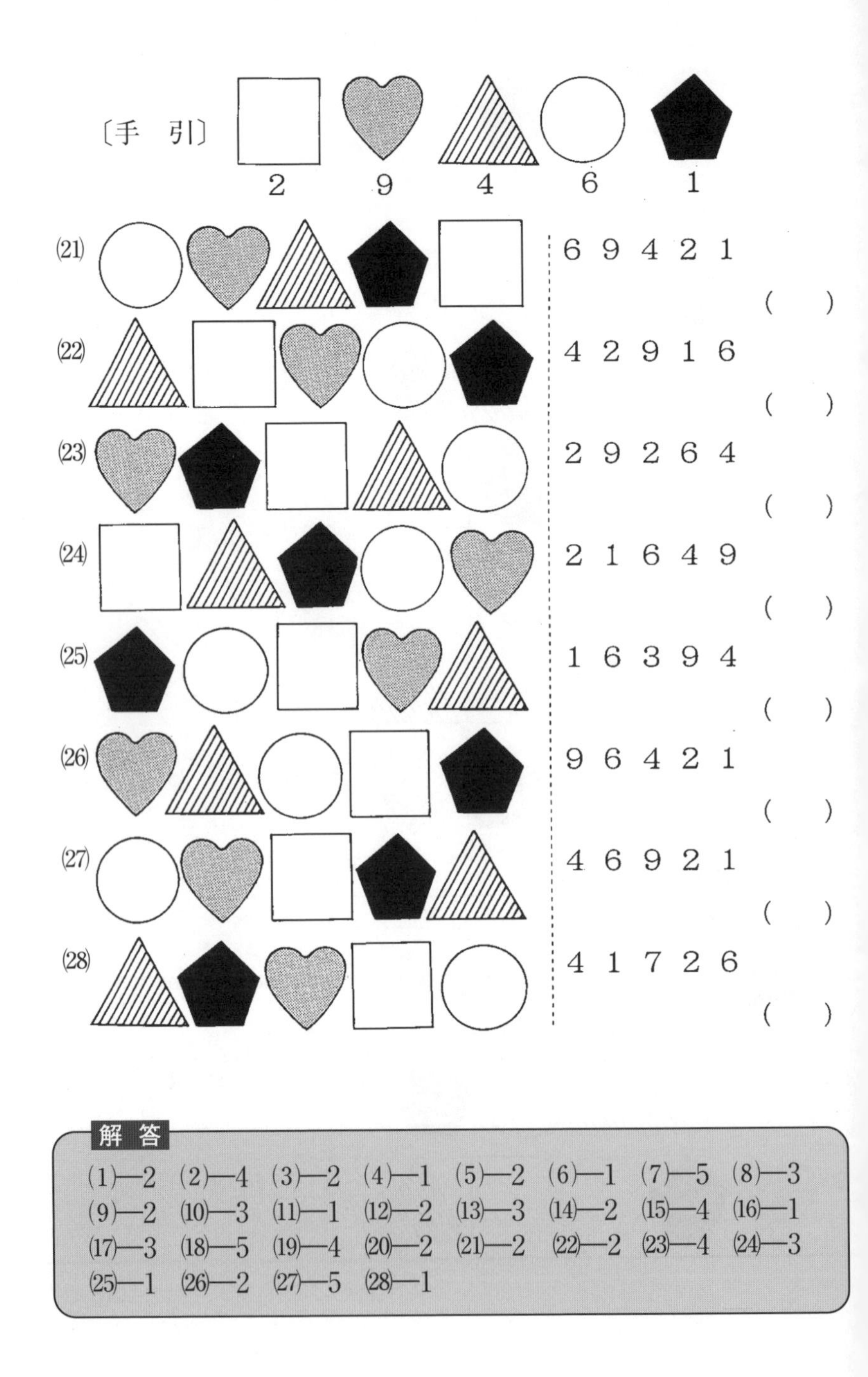

解答

(1)—2　(2)—4　(3)—2　(4)—1　(5)—2　(6)—1　(7)—5　(8)—3
(9)—2　(10)—3　(11)—1　(12)—2　(13)—3　(14)—2　(15)—4　(16)—1
(17)—3　(18)—5　(19)—4　(20)—2　(21)—2　(22)—2　(23)—4　(24)—3
(25)—1　(26)—2　(27)—5　(28)—1

検査22 照　　合 (5)

次の４つの項目について正本と副本を照合し，副本の異なる項目の数を（　）の中に記入しなさい。

〔正　　本〕

(例)	有名作家	まいない	6871	×○△×
(1)	外人墓地	たをやめ	9587	○○●○
(2)	教育実習	いななき	4221	□○●□
(3)	子孫繁栄	あまだれ	4151	▲▲××
(4)	天地無用	いかるが	9100	□▲▲▲
(5)	安心立命	さおとめ	8753	□×○×
(6)	初志貫徹	からたち	3312	○○□▲
(7)	交換日記	あさはか	8112	▲△▼△

〔副　　本〕

					答
(例)	有名作家	まかない	6871	×△○×	（ 2 ）
(1)	外人暮地	たおやめ	9578	○○●○	（　）
(2)	教育実習	いななき	4211	□○●□	（　）
(3)	子孫繁栄	あまだれ	5141	▲×××	（　）
(4)	天地不用	いがるが	9100	△▲▲▲	（　）
(5)	安心立令	さおとめ	8735	□×○×	（　）
(6)	初志貫徹	からたち	3312	○○□▲	（　）
(7)	交換日誌	あかはか	8112	▲△▼▽	（　）

Guide 上問は，**判断力や瞬発的な把握力**をみる検査です。１字１字丹念に追って注意力で勝負するのもよいでしょう。また，いずれも４字ないし４つの図形の短い項目なので，項目ごとに全体をとらえ，部分の違いを直観するやり方も可能です。**正解**は(1)―3　(2)―1　(3)―2　(4)―3　(5)―2　(6)―0　(7)―3　なお，次頁からの練習問題は左右見開きになります。

〔正　　本〕

(1)	西郷青年	たらちね	3159	□△△○
(2)	最高段階	しののめ	2187	××○×
(3)	般若心経	あかつき	8596	▽▽△▽
(4)	形而上学	まゆずみ	8867	◺◺○◿
(5)	名酒百選	たわむれ	9976	⧅⧄⧄⧅
(6)	神社仏閣	ぬばたま	5115	⧇⧇⊠⊠
(7)	進行方向	まなびや	7133	●●●●
(8)	産婦人科	いやさか	0422	◙◙◙⊡
(9)	団体交渉	わきまえ	4755	⧄□□□
(10)	酒池肉林	ももしき	0198	△△□◿
(11)	金沢文庫	つらつら	9387	▲□▲□
(12)	厳重警戒	さすらい	6932	×●□■
(13)	風光明媚	みのむし	3476	⊗⊗○×
(14)	佳人薄命	たなばた	7121	⊠⧄⧅□
(15)	電光石火	やりくり	9757	◿◹◺◸
(16)	郷土民謡	たまゆら	3251	○○○⊞
(17)	満員御礼	わだつみ	4784	◱◳◳◰
(18)	立身出世	くれない	5891	◪◪◩⬕
(19)	出征兵士	おはぐろ	8411	◧◧◧◧
(20)	諸行無常	おちこち	9921	◫⊟⊟⊟
(21)	万物流転	たゆたい	0417	⬓⬒⬒⬓
(22)	迷惑千万	いかづち	2910	◭◮△△
(23)	高校入試	あいびき	7981	▽×○□
(24)	官房長官	なまくら	2327	◫◫⊟⊟
(25)	遊泳禁止	せせらぎ	9671	□○●■
(26)	夢遊状態	みどりご	4324	◤◿◹◣
(27)	本邦初演	ひんがし	9075	◇◇◈◆
(28)	女優志望	たそがれ	8609	▣▣◘◘

［検査時間　6分］

	〔副		本〕		答
(1)	東郷青年	たらちね	3159	□△○○	(　)
(2)	最高段階	しののね	2187	××○×	(　)
(3)	磐若心経	あかつか	8596	▽△△▽	(　)
(4)	形而上学	まゆずみ	8667	◺◺○◺	(　)
(5)	名酒百選	たわむれ	9967	⧅⧄⧄⧅	(　)
(6)	神社仏閣	ぬばたま	5155	⊡⊡⊠⊠	(　)
(7)	進行方行	まなびや	7133	●●●○	(　)
(8)	産婦人科	いやかさ	0422	▣▣▣▣	(　)
(9)	団体交渉	えきまえ	4775	⧅□□□	(　)
(10)	酒地肉林	ももひき	0998	△△□△	(　)
(11)	金沢文庫	つらつら	9378	▲■▲□	(　)
(12)	厳重驚戒	さすらひ	6932	●●□■	(　)
(13)	風光明眉	みのむし	3476	⊗⊗○×	(　)
(14)	美人薄命	たなぼた	7121	⊠⧄⧅□	(　)
(15)	電光石火	やりくり	9757	◿◹◺◸	(　)
(16)	郷土民謡	たまゆら	3521	○○○⊞	(　)
(17)	満員御札	わだつみ	4884	⊞⊞⊞⊞	(　)
(18)	立身出世	くれない	5819	◪◪◩◩	(　)
(19)	出征兵志	おばくろ	8441	◧◧◧◨	(　)
(20)	諸行無常	あちこち	9921	◫◫⊟⊟	(　)
(21)	万物流軽	たよたい	0416	⬓⬒⬒⬓	(　)
(22)	迷惑千万	いかずち	2910	▲▲△△	(　)
(23)	高校入試	あひびき	7981	▽×□○	(　)
(24)	官房長官	なまくら	2327	◫◫⊟⊟	(　)
(25)	遊泳禁止	せせらぎ	9611	□○●■	(　)
(26)	夢遊状態	みどりご	4323	◤◿◁◣	(　)
(27)	本邦初演	しんがし	9675	◈◈◈◈	(　)
(28)	女優志願	たそがれ	8669	▣▣▣▣	(　)

〔正　　　本〕

(29)	進路指導	きさらぎ	8210	◩◒▲○
(30)	宗教戦争	うらなり	6387	◈△◉○
(31)	百科事典	さんざし	8122	◬▽◬▽
(32)	名所旧跡	もののふ	1877	⊠⊠⊠⊠
(33)	悪口雑言	しろたへ	9495	×○⊗⦶
(34)	実力行使	あらたま	4941	◐◧◭×
(35)	文化勲章	さみだれ	3945	○×○△
(36)	児童文学	うつせみ	2011	◣◺◺◺
(37)	旅行案内	うたかた	0555	○○○○
(38)	皆既日食	しおさい	6785	◈◆◇◆
(39)	店頭販売	しがらみ	7804	◐◑◓⊖
(40)	疾風怒濤	いろどり	7435	◈◇⊡□
(41)	不老長寿	しかばね	4185	⊡◬◬◬
(42)	反面教師	しこたま	8074	▣○□■
(43)	市民運動	しもたや	6558	◿○×◺
(44)	大器晩成	よもやま	7320	◖ ◗◡◡
(45)	貧乏根性	わらぶき	2561	◘◨◛⊠
(46)	臨床実験	かやのみ	6915	◑◑◒⦶
(47)	捲土重来	はなむけ	5150	⦶⊖○⊖
(48)	憲法改正	はまゆう	3229	◉⊙◿◸
(49)	状況証拠	くしゃみ	8651	◢◢◢◤
(50)	解毒作用	じゅばん	7069	◪■●○
(51)	夏期休暇	しらとり	1530	□×△○
(52)	清廉潔白	むらくも	7230	×××○
(53)	自由恋愛	ねむのき	6157	△▲▼×
(54)	幼少時代	ままはは	2211	◆⊠□⊠
(55)	徳川幕府	みぞおち	3074	△△▼▼
(56)	一族郎党	あさつき	9790	○△□○
(57)	労使協調	みずごり	0074	×○■×

	〔副	本〕			答
⑵⑼	進絡指導	きさらき	8210	◩◐▲○	（　　）
⑶⑼	宗教戦争	うらなり	6387	◘◬○◉	（　　）
⑶⑴	百料事典	かんざし	8112	◭⊽◭⊽	（　　）
⑶⑵	名所旧跡	もののふ	1877	⊠⊠⊠⊠	（　　）
⑶⑶	悪口雑言	しろたえ	9594	×○⊗⦶	（　　）
⑶⑷	実力行為	あらたま	4944	◑◧◭×	（　　）
⑶⑸	文化勲賞	あみだれ	3945	○××△	（　　）
⑶⑹	児童文学	うつせみ	2001	◣◺◺◺	（　　）
⑶⑺	旅行案内	うたかな	0555	○○○●	（　　）
⑶⑻	皆既月食	しおざい	6785	◈◆◇◆	（　　）
⑶⑼	店頭販売	しがらき	7804	◐◑◒◒	（　　）
⑷⑼	疾風怒濤	いるどり	7485	◇⊕□□	（　　）
⑷⑴	不老長寿	しばかね	4185	⊡◬◬◬	（　　）
⑷⑵	反面教師	しこたま	8074	◙○□■	（　　）
⑷⑶	市民連動	しこたや	6508	◸○×◺	（　　）
⑷⑷	大機晩成	よもやま	7320	◗◖◡◡	（　　）
⑷⑸	貧乏根性	わらびき	2651	◘◧□⊠	（　　）
⑷⑹	臨終実験	かやのき	6955	◐◐◒⦶	（　　）
⑷⑺	捲土重来	はなむけ	5150	⊙⊖○⊖	（　　）
⑷⑻	憲法改正	はまゆり	2329	◉⊙◿◸	（　　）
⑷⑼	状況証拠	くしゃみ	8651	◢◢◢◤	（　　）
⑸⑼	下毒作用	じゅばん	7096	◪●○■	（　　）
⑸⑴	夏季休暇	しらとり	1530	□×△○	（　　）
⑸⑵	清康潔白	むらくも	7230	×××○	（　　）
⑸⑶	自由恋愛	ねむのき	6157	△▲▼×	（　　）
⑸⑷	幼年時代	まははは	2211	◈⊠□⊠	（　　）
⑸⑸	徳川幕府	みずおち	3704	△△▼▼	（　　）
⑸⑹	一族郎党	あきつき	9790	○△□●	（　　）
⑸⑺	労使強調	みずごい	0074	○××■	（　　）

解答

(1)—2 (2)—1 (3)—3 (4)—2 (5)—1 (6)—1 (7)—2 (8)—1
(9)—3 (10)—4 (11)—2 (12)—3 (13)—1 (14)—2 (15)—0 (16)—1
(17)—3 (18)—1 (19)—4 (20)—2 (21)—3 (22)—1 (23)—2 (24)—0
(25)—1 (26)—1 (27)—3 (28)—2 (29)—2 (30)—1 (31)—4 (32)—0
(33)—2 (34)—3 (35)—3 (36)—1 (37)—2 (38)—2 (39)—2 (40)—3
(41)—1 (42)—0 (43)—4 (44)—2 (45)—2 (46)—3 (47)—0 (48)—2
(49)—1 (50)—3 (51)—1 (52)—1 (53)—0 (54)—2 (55)—2 (56)—2
(57)—3

検査 23 照　　合 (6)

次の表を参考にして，下の問いの答えを（　　）の中に記号で記入しなさい。

〔手　引〕

距離＼時間	夜間			昼間		
	1分まで	2分まで	3分まで	1分まで	2分まで	3分まで
～10km	10円	20円	30円	40円	50円	60円
～20km	20	30	40	50	60	70
～30km	30	40	50	60	70	80
～40km	40	50	60	70	80	90
～50km	50	60	70	80	90	100

(例)　夜間1分32秒の通話で料金50円の距離は

①　10km　②　20km　③　30km　④　40km　⑤　50km

答（④）

(1)　距離15kmで70円の料金になるのは

①　夜間1分まで　②　昼間1分まで　②　昼間2分まで

④　昼間3分まで　⑤　正答なし　（　　）

(2)　距離45km，昼間2分30秒の通話でかかる料金は

①　60円　②　70円　③　80円　④　90円　⑤　100円（　　）

(3)　昼間30秒で料金70円の距離は

①　20km　②　30km　③　40km　④　50km　⑤　60km（　　）

(4)　距離22km，夜間1分の通話でかかる料金は

①　30円　②　40円　③　50円　④　60円　⑤　70円（　　）

Guide　上問は，**判断力**をみる検査です。簡単な表の読みとりの問題ですが，第一段階では一定の条件下での量の変化を読みとること，第二段階では条件の変化に応じた2つの量の対応関係を読みとることが求められます。身のまわりにある公共料金表などを利用して練習するのも一策です。**正解**は(1)―④　(2)―⑤　(3)―③　(4)―①

[検査時間　10分]

〔手　引〕

距離＼時間	夜間			昼間		
	1分まで	2分まで	3分まで	1分まで	2分まで	3分まで
～10km	10円	20円	30円	40円	50円	60円
～20km	20	30	40	50	60	70
～30km	30	40	50	60	70	80
～40km	40	50	60	70	80	90
～50km	50	60	70	80	90	100

(1)　昼間2分，距離20kmの料金を夜間3分使える距離は

①　10km　②　20km　③　30km　④　40km　⑤　50km(　　)

(2)　夜間1分35秒で20円の距離の所で，昼間3分話すと

①　40円　②　50円　③　60円　④　70円　⑤　80円(　　)

(3)　夜間2分で50円の距離の所で，昼間に同じ時間だけ話すと

①　70円　②　80円　③　90円　④　100円　⑤　不明(　　)

(4)　昼間1分16秒で50円の距離の所では，同じ料金で夜間は

①　1分まで　②　2分まで　③　3分まで

④　0分　⑤　この表からは不明　(　　)

(5)　夜間，距離48kmで70円になる時間数で，昼間10kmの所と話すと

①　40円　②　50円　③　60円　④　70円　⑤　80円(　　)

(6)　昼間に30kmで1分間話せる料金で夜間話せるのは

①　40km3分まで　②　50km1分まで　③　30km2分まで

④　20km3分まで　⑤　30km3分まで　(　　)

(7)　夜間に50円で1分50秒話せる距離で，昼間に80円では

①　1分まで　②　2分まで　③　3分まで

④　0分　⑤　この表からは不明　(　　)

(8)　夜間3分，距離20kmと同じ料金で昼間には

①　20km1分まで　②　10km2分まで　③　30km1分まで

④　20km2分まで　⑤　10km1分まで　(　　)

〔手　引〕

契約＼使用電力	基本料金	～120KWh	120KWh～200KWh	200KWh～
10アンペア	2400円	一律基本料金に +200円	120KWh料金に1KWh超過ごとに +10円	200KWh料金に1KWh超過ごとに +20円
20アンペア	2600		+20	+30
30アンペア	2800		+30	+40
40アンペア	3000		+40	+50
50アンペア	3200		+50	+60
60アンペア	3400		+60	+70

⑼　40アンペア，130kWhのときの料金は

①　3000円　②　3200円　③　4000円　④　3400円

⑤　3600円　（　　）

⑽　50アンペアで3400円使ったときの使用電力は

①　120kWhまで　②　130kWh　③　140kWh　④　150kWh

⑤　160kWh　（　　）

⑾　30アンペア，215kWhのときの料金は

①　4000円　②　5000円　③　6000円　④　7000円

⑤　8000円　（　　）

⑿　120kWhの料金が3600円の家庭で190kWhの料金は

①　3600円　②　4200円　③　7800円　④　11400円

⑤　14000円　（　　）

⒀　155kWhのときの超過料金の合計が550円になるのは

①　10アンペア　②　20アンペア　③　30アンペア

④　40アンペア　⑤　50アンペア　（　　）

⒁　150kWhのときの超過料金の合計が1700円になる家の基本料金は

①　2400円　②　2600円　③　2800円　④　3000円

⑤　3200円　（　　）

⒂　5000円で200kWh使いたいとき，契約できる最高電流は

①　10アンペア　②　20アンペア　③　30アンペア

④　40アンペア　⑤　50アンペア　（　　）

〔手　引〕

期間／距離	通　勤			通　学		
	1ヵ月	3ヵ月	6ヵ月	1ヵ月	3ヵ月	6ヵ月
～10km	5000円	14000円	2700円	4000円	10000円	18000円
～11km	6000	17000	30000	5000	14000	23000
～12km	7000	19000	32000	6000	17000	27000
～13km	8000	20000	33000	7000	19000	30000
～14km	9000	20500	33500	8000	20000	32000

⒃　通勤 12.5km で6ヵ月の運賃は

①　32000円　②　33000円　③　27000円　④　30000円

⑤　32500円　（　　）

⒄　通学 11.5km で 5000円で買える期間は

①　1ヵ月　②　3ヵ月　③　6ヵ月　④　12ヵ月

⑤　0ヵ月　（　　）

⒅　通勤 12.8km，3ヵ月の予算で通学6ヵ月だと

①　10km まで　②　11km まで　③　12km まで

④　13km まで　⑤　14km まで　（　　）

⒆　通勤3ヵ月，13.5km の予算で通学 10.5km を買うと

①　0ヵ月　②　1ヵ月　③　3ヵ月　④　6ヵ月

⑤　6ヵ月以上　（　　）

⒇　通学 11.5km，3ヵ月の運賃で買える期間を，通勤で同じ運賃同じ期間だと

①　10km まで　②　11km まで　③　12km まで

④　13km まで　⑤　14km まで　（　　）

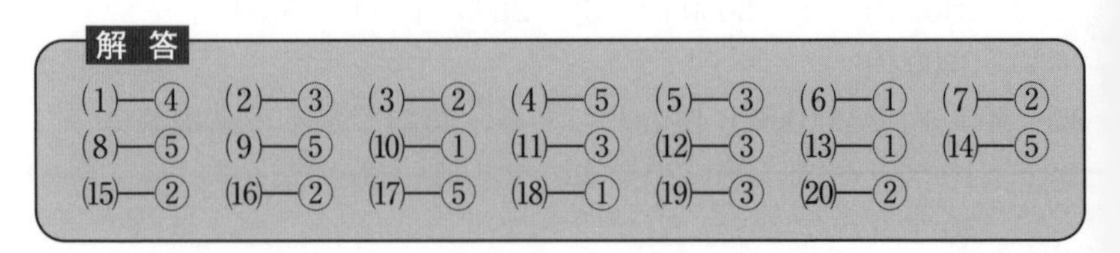

解答

⑴―④　⑵―③　⑶―②　⑷―⑤　⑸―③　⑹―①　⑺―②
⑻―⑤　⑼―⑤　⑽―①　⑾―③　⑿―③　⒀―①　⒁―⑤
⒂―②　⒃―②　⒄―⑤　⒅―①　⒆―③　⒇―②

検査24 置換

次の数式を手引を用いて計算し，□の中に答を一の位だけ書きなさい。

〔手引〕

A	B	C	D	E	F	G	H	I	J	K
2	3	5	7	1	6	8	9	2	4	0

(例) 1 + A + B + 2 + 8 = 6
(1) 9 + C + D + 6 + 2 = □
(2) 8 + 9 + I + J + 5 = □
(3) 7 + I + 6 + 5 + F = □
(4) 4 + 1 + K + B + 8 = □
(5) E + 2 + H + 5 + 6 = □
(6) 2 + G + A + 7 + 1 = □
(7) 3 + 8 + F + 5 + E = □
(8) B + 7 + 1 + J + 3 = □
(9) 5 + H + 6 + G + 8 = □

Guide 上問は文字の部分を数字に置き換えつつ，計算をするという一定の思考操作を進める作業です。一貫した流れの中での部分的な変化を機敏にキャッチする**敏捷さ**と**柔軟性**をみます。隣りの数字と取り違えたり，Iと1を混合したりしないように気をつけましょう。また，下手に手引を暗記して計算するのは危険。面倒でも1つ1つ手引を参照し，正確に処理することが肝要です。また，一の位の数字でなく，計算の結果をそのまま書いてしまうといったミスは致命的です。**正解**は(1)―9 (2)―8 (3)―6 (4)―6 (5)―3 (6)―0 (7)―3 (8)―8 (9)―6

[検査時間　7分]

〔手　引〕

A	B	C	D	E	F	G	H	I	J	K
7	1	3	4	2	7	9	8	0	5	6

(1)　2 + A + 3 + G + 4 = □

(2)　7 + 6 + C + K + 5 = □

(3)　F + 8 + H + 2 + 1 = □

(4)　9 + 5 + 8 + K + I = □

(5)　7 + 4 + D + G + 4 = □

(6)　3 + 5 + E + A + 7 = □

(7)　B + 6 + K + 5 + 1 = □

(8)　J + 8 + 9 + C + 2 = □

(9)　4 + H + 6 + B + 7 = □

(10)　4 + E + 2 + 3 + B = □

〔手　引〕

あ	い	う	え	お	か	き	く	け	こ	さ
0	4	2	2	3	1	9	8	7	6	5

(11)　5 + う + 2 + え + い = □

(12)　あ + さ + 3 + お + 5 = □

(13)　3 + 4 + き + け + く = □

(14)　か + こ + い + 2 + 9 = □

(15)　8 + 7 + え + う + さ = □

(16)　9 + 6 + お + か + き = □

(17)　あ + 5 + い + う + 7 = □

(18)　6 + 3 + え + こ + さ = □

(19)　あ + う + お + 5 + 1 = □

(20)　お + き + 7 + 3 + き = □

〔手　引〕

a	b	c	d	e	f	g	h	i	j	k
7	1	3	4	8	9	2	6	0	5	7

(21) 3 + b + f + 5 + h = □
(22) 9 + d + 5 + 2 + g = □
(23) a + k + 6 + e + 2 = □
(24) i + k + 1 + 7 + c = □
(25) d + 5 + j + f + 3 = □
(26) 8 + d + h + 5 + k = □
(27) 9 + 3 + g + 4 + b = □
(28) 6 + a + h + 5 + 1 = □
(29) 3 + 5 + f + 9 + k = □
(30) e + 8 + 2 + h + k = □

〔手　引〕

ア	イ	ウ	エ	オ	カ	キ	ク	ケ	コ	サ
6	3	9	0	7	8	2	1	5	4	0

(31) 5 + イ + 6 + 3 + エ = □
(32) 2 + ア + 5 + イ + 6 = □
(33) 3 + 8 + 9 + カ + キ = □
(34) 9 + 7 + コ + 8 + エ = □
(35) 1 + サ + ケ + 8 + 2 = □
(36) コ + イ + 5 + 2 + 4 = □
(37) 7 + 6 + ア + イ + 4 = □
(38) ア + オ + 2 + 2 + 9 = □
(39) 6 + 8 + キ + ケ + 5 = □
(40) 3 + 1 + ウ + 5 + カ = □

〔手　引〕

い	ろ	は	に	ほ	へ	と	ち	り	ぬ	る
4	9	2	8	2	6	3	5	1	9	0

(41)　5 ＋い＋に＋ 9 ＋ち＝☐
(42)　る＋り＋ 5 ＋ 7 ＋へ＝☐
(43)　ほ＋ 7 ＋ 3 ＋ろ＋り＝☐
(44)　に＋ 9 ＋ち＋ぬ＋ 7 ＝☐
(45)　は＋る＋に＋ 5 ＋ 4 ＝☐
(46)　と＋ 7 ＋ 4 ＋り＋ぬ＝☐
(47)　6 ＋ 3 ＋ほ＋ち＋る＝☐
(48)　1 ＋ 7 ＋に＋へ＋と＝☐
(49)　9 ＋ほ＋と＋ち＋ 5 ＝☐
(50)　6 ＋ 3 ＋い＋に＋へ＝☐

解答

(1)―5　(2)―7　(3)―6　(4)―8　(5)―8　(6)―4　(7)―9　(8)―7
(9)―6　(10)―2　(11)―5　(12)―6　(13)―1　(14)―2　(15)―4　(16)―8
(17)―8　(18)―2　(19)―1　(20)―1　(21)―4　(22)―2　(23)―0　(24)―8
(25)―6　(26)―0　(27)―9　(28)―5　(29)―3　(30)―1　(31)―7　(32)―2
(33)―0　(34)―8　(35)―6　(36)―8　(37)―6　(38)―6　(39)―6　(40)―6
(41)―1　(42)―9　(43)―2　(44)―8　(45)―9　(46)―4　(47)―6　(48)―5
(49)―4　(50)―7

検査25　分　　類（1）

下に掲げる数字が手引のどこに含まれているかを考え，該当する手引の番号を（　）の中に記入しなさい。

	①	②	③	④	⑤
〔手　引〕	3001～3098 6701～6999	4600～5097 7990～8509	3099～4000 5098～6000	8510～9000 7025～7880	6091～6500 4001～4088

(例) 3020 （①）　　(10) 5988 （　）
(1) 5099 （　）　　(11) 4870 （　）
(2) 6320 （　）　　(12) 3075 （　）
(3) 5005 （　）　　(13) 9000 （　）
(4) 7062 （　）　　(14) 6099 （　）
(5) 8991 （　）　　(15) 3999 （　）
(6) 3100 （　）　　(16) 3090 （　）
(7) 4008 （　）　　(17) 6879 （　）
(8) 8040 （　）　　(18) 8451 （　）
(9) 6899 （　）　　(19) 8999 （　）

Guide 上問は，情報を特定の性質に応じて分類する作業の初歩で，あなたの**整理・分類能力**をみる検査です。最上位の数字と下２けたの数字を中心に照合するのが，能率よく処理するコツです。例えば，(12)においては，3000台の数は手引の①と③，75は手引の①，というふうに二段構えで消去してゆくやり方です。　**正解**は(1)―③　(2)―⑤　(3)―②　(4)―④　(5)―④　(6)―③　(7)―⑤　(8)―②　(9)―①　(10)―③　(11)―②　(12)―①　(13)―④　(14)―⑤　(15)―③　(16)―①　(17)―①　(18)―②　(19)―④

［検査時間　5分］

〔手　引〕

①	②	③	④	⑤
2301〜8301 9501〜9999	8950〜9500 371〜811	1〜370 8302〜8500	8501〜8701 1060〜2300	812〜1059 8702〜8950

(1) 987 (　　)
(2) 9499 (　　)
(3) 9899 (　　)
(4) 5 (　　)
(5) 8949 (　　)
(6) 2000 (　　)
(7) 8400 (　　)
(8) 3000 (　　)
(9) 500 (　　)
(10) 300 (　　)
(11) 4561 (　　)
(12) 9600 (　　)
(13) 8498 (　　)
(14) 1000 (　　)
(15) 8589 (　　)
(16) 8700 (　　)
(17) 9000 (　　)
(18) 8499 (　　)
(19) 5111 (　　)
(20) 791 (　　)

〔手　引〕

①	②	③	④	⑤
9869〜9999 5120〜7091	1052〜2111 9201〜9868	3501〜5120 1000〜1010	7092〜8000 2112〜3500	1011〜1051 8001〜9200

(21) 1018 (　　)
(22) 9121 (　　)
(23) 1009 (　　)
(24) 9921 (　　)
(25) 3402 (　　)
(26) 4587 (　　)
(27) 2097 (　　)
(28) 1002 (　　)
(29) 9900 (　　)
(30) 9601 (　　)
(31) 7994 (　　)
(32) 5119 (　　)
(33) 6509 (　　)
(34) 9106 (　　)
(35) 3841 (　　)
(36) 9859 (　　)
(37) 5937 (　　)
(38) 3000 (　　)
(39) 7900 (　　)
(40) 1983 (　　)

	①	②	③	④	⑤
〔手　引〕	4.23～6.87 9.62～9.99	8.28～9.01 1.56～3.84	0.01～0.97 6.88～7.41	7.42～8.27 9.02～9.61	3.85～4.22 0.97～1.55

⑷1 0.5 (　　)
⑷2 0.9 (　　)
⑷3 1 (　　)
⑷4 5.31 (　　)
⑷5 0.1 (　　)
⑷6 9 (　　)
⑷7 9.78 (　　)
⑷8 8.01 (　　)
⑷9 4.09 (　　)
⒇ 7.33 (　　)
⑸1 2.99 (　　)
⑸2 4.33 (　　)
⑸3 9.89 (　　)
⑸4 2.1 (　　)
⑸5 1.49 (　　)
⑸6 9.5 (　　)
⑸7 7 (　　)
⑸8 9.7 (　　)
⑸9 4 (　　)
⑹0 8 (　　)

	①	②	③	④	⑤
〔手　引〕	52.38～60 811.8～903.5	601.01～811 119.22～200	61～79.5 450.2～601	311～450.1 79.6～91	92～119.21 200.01～311

⑹1 78.99 (　　)
⑹2 811.89 (　　)
⑹3 301.97 (　　)
⑹4 415 (　　)
⑹5 52.39 (　　)
⑹6 90.97 (　　)
⑹7 812 (　　)
⑹8 811 (　　)
⑹9 119.23 (　　)
⑺0 65.87 (　　)
⑺1 79 (　　)
⑺2 92.01 (　　)
⑺3 53.01 (　　)
⑺4 602 (　　)
⑺5 460 (　　)
⑺6 600.09 (　　)
⑺7 450.07 (　　)
⑺8 59.91 (　　)
⑺9 310.14 (　　)
⑻0 199.1 (　　)

解　答

(1)—⑤　(2)—②　(3)—①　(4)—③　(5)—⑤　(6)—④　(7)—③
(8)—①　(9)—②　(10)—③　(11)—①　(12)—①　(13)—③　(14)—⑤
(15)—④　(16)—④　(17)—②　(18)—③　(19)—①　(20)—②　(21)—⑤
(22)—⑤　(23)—③　(24)—①　(25)—④　(26)—③　(27)—②　(28)—③
(29)—①　(30)—②　(31)—④　(32)—③　(33)—①　(34)—⑤　(35)—③
(36)—②　(37)—①　(38)—④　(39)—④　(40)—②　(41)—③　(42)—③
(43)—⑤　(44)—①　(45)—③　(46)—②　(47)—①　(48)—④　(49)—⑤
(50)—③　(51)—②　(52)—①　(53)—①　(54)—②　(55)—⑤　(56)—④
(57)—③　(58)—①　(59)—⑤　(60)—④　(61)—③　(62)—①　(63)—⑤
(64)—④　(65)—①　(66)—④　(67)—①　(68)—②　(69)—②　(70)—③
(71)—③　(72)—⑤　(73)—①　(74)—②　(75)—③　(76)—③　(77)—④
(78)—①　(79)—⑤　(80)—②

検査26 分　類(2)

次の各文に該当する手引の記号A～Dを（　）の中に記入しなさい。ただし，手引のどれにも該当しない場合はEとします。

〔手　引〕

目＼メガネ	かけている	かけてない
よ　い	A	C
悪　い	B	D

(例)　私は目はよくないけれどメガネをかけていません。（ D ）
(1)　私は父に似て目がよい。（　　）
(2)　彼女は目がよいけれどメガネをかけています。（　　）
(3)　弟は目が悪いのでメガネをかけています。（　　）
(4)　彼は目はよいがメガネがよく似合います。（　　）
(5)　私は目がよいので，メガネにはさわったこともない。（　　）
(6)　彼はメガネを3つ持っている。（　　）
(7)　父はこの頃，二種の老眼鏡を併用しています。（　　）
(8)　目がよいうちにこそメガネをかけるべきだ。（　　）
(9)　彼はメガネをかけていないが時々人の判別がつかない。（　　）

Guide 与えらた情報を複合的な状態から単純な要素へと仕分ける操作で，あなたの**分析力**をみます。表現の曖昧な部分を捨てて明確な意味をすくい上げるのが解法のコツ。例えば(4)と(8)は一見Aのように錯覚しがちだが，(4)では「似合う」ことが必ずしも「かけている」ことにはならないし，(8)の「～べきだ」は単なる主張であって確かな事実ではない。また，(7)の「老眼鏡を併用している」は「かけている」とみるべきです。　**正解**は(1)—E　(2)—A　(3)—B　(4)—E　(5)—C　(6)—E　(7)—B　(8)—E　(9)—D

［検査時間　6 分］

〔手　引〕

値段＼果物	新しい	古い
高　　い	A	C
高くない	B	D

⑴　この果物は安いだけあって新鮮ではない。（　　）
⑵　新しくない果物は安いだろう。（　　）
⑶　この果物は値ばかり張って少しも新鮮ではない。（　　）
⑷　私は果物を買うときは新鮮なものを選ぶことにしている。（　　）
⑸　果物は古くさえなければよい。（　　）
⑹　この果物は高いけれども新鮮だ。（　　）
⑺　あそこの店ではいつも安くて新鮮な果物を売っている。（　　）
⑻　これは産地直送の果物だからおいしい。（　　）
⑼　お金がないから鮮度は落ちても安いものを買った。（　　）
⑽　安い果物を食べるとお腹をこわす。（　　）

〔手　引〕

速度＼文字	上手だ	下手だ
速　　い	A	C
速くない	B	D

⑾　彼は文字を書くのは速いが上手な字とはいえない。（　　）
⑿　文字は下手でもいいから丁寧に書いて下さい。（　　）
⒀　書くのは遅くても上手な字を書く人がいる。（　　）
⒁　母は達筆の上に書くのが速い。（　　）
⒂　字を速く書くとどうしても読みにくい字になる。（　　）
⒃　眠いので字はまずくなるし，ペースも遅くなる。（　　）
⒄　大至急，字を書いて下さい。（　　）
⒅　彼は字を書くのは好きでないと言うがなかなか達筆だ。（　　）
⒆　速く書く方が字に勢いがついて上手に見えるだろう。（　　）
⒇　文章のうまい人はえてして字が下手くそな上に遅筆だ。（　　）

〔手　引〕

感情＼性格	明るい	暗　い
好きだ	A	C
嫌いだ	B	D

⑵1 彼は明るい性格なので私は好きです。(　　)
⑵2 性格の暗い人は嫌われる。(　　)
⑵3 彼女の性格は暗いけれど，誠実なので私は好きだ。(　　)
⑵4 性格の明るい人は得をする。(　　)
⑵5 彼女はとても明るいが，なぜか嫌われている。(　　)
⑵6 明るい人も暗い人もそれなりに私は好きだ。(　　)
⑵7 私の好きなあの人はどちらかというと暗い。(　　)
⑵8 弟の性格は明るいが，ときどき嫌味を言う。(　　)
⑵9 君は明るくなりさえすればみんなに好かれるだろうに。(　　)
⑶0 彼は暗いのに何故か人をひきつけてやまない。(　　)

〔手　引〕

行為＼本	おもしろい	おもしろくない
買　う	A	C
買わない	B	D

⑶1 おもしろい本ならいつでも買おう。(　　)
⑶2 これは高い本なのにちっともおもしろくない。(　　)
⑶3 おもしろくなくても，貴重な本だから買った。(　　)
⑶4 この本はおもしろいが，値が張ってとても手が出ない。(　　)
⑶5 お金がないからおもしろい本でも買えない。(　　)
⑶6 おもしろくない本なら買わない方がいい。(　　)
⑶7 この本はおもしろくないがためになる。(　　)
⑶8 僕はいつもおもしろい本ばかり買う。(　　)
⑶9 彼はおもしろい本をたくさん持っている。(　　)
⑷0 私はおもしろく，しかもためになる本しか買わない。(　　)

〔手　引〕

競争＼スピード	速　い	遅　い
勝　つ	A	C
負ける	B	D

⑷1) 私は足が速いのが自慢です。(　　)
⑷2) 花子はそれほど足は速くないのに，競争で勝った。(　　)
⑷3) 私は足が速いけれど，兄には負ける。(　　)
⑷4) 私は足が速くないが，いつも一定のペースで走る。(　　)
⑷5) 彼女は水泳では日本の最高記録で優勝している。(　　)
⑷6) 弟はのろのろと走るのでいつも競争に負けている。(　　)
⑷7) カメはのろかったが，勤勉だったのでウサギに勝った。(　　)
⑷8) 彼は実力を伸ばしているので，優勝するに違いない。(　　)
⑷9) 兄は足が速く，運動会ではいつも１等になる。(　　)
⑸0) ペースは遅くとも着実に進む者が最後は勝つのだ。(　　)

解答

⑴—D　⑵—E　⑶—C　⑷—E　⑸—E　⑹—A　⑺—B
⑻—E　⑼—D　⑽—E　⑾—C　⑿—E　⒀—B　⒁—A
⒂—E　⒃—D　⒄—E　⒅—E　⒆—E　⒇—E　(21)—A
(22)—D　(23)—C　(24)—E　(25)—B　(26)—E　(27)—C　(28)—E
(29)—D　(30)—C　(31)—E　(32)—E　(33)—C　(34)—B　(35)—B
(36)—E　(37)—E　(38)—A　(39)—E　(40)—E　(41)—E　(42)—C
(43)—B　(44)—E　(45)—A　(46)—D　(47)—C　(48)—E　(49)—A
(50)—E

PART 3
演　習　編

- 本編は，それぞれ３つの検査から成り立っています。各検査例を理解した上で，始めて下さい。
- 指定検査時間をお守り下さい。
- 正解は各検査の末尾にあります。必ず解答の照合をして下さい。
- 自己採点を次の公式に従ってして下さい。

$$点数=\frac{正答数-誤答数}{問題数}\times 100$$

となります。（とばした問題数は誤答数に加えます）

演　習　1

〔検査例 1〕　次の数式を計算し，その答が含まれている手引の番号を（　　）の中に記入しなさい。

〔手　引〕

①	②	③	④	⑤
12 8	9 17	31 5	18 25	22 11

(1)　2 × 5 + 1 =（　　）　　　(2)　8 ÷ 4 × 9 =（　　）

Guide (1)を計算すると 11 で，したがって答は⑤。同様に，(2)は④。

〔検査例 2〕　次の手引と照合して，同じものがあればその数を（　　）の中に記入しなさい。

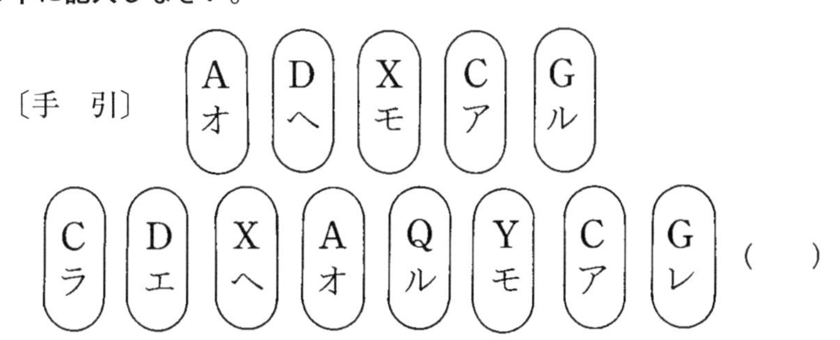

Guide 手引と同じものは 4，7 番目。したがって答は 2 になる。

〔検査例 3〕　次のことばの中から同意語もしくは反意語の組み合わせになっているものを探し，番号を解答欄に記入しなさい。

(1)　①　不滅　　②　死亡　　③　不死　　④　不老

答（　　）と（　　）

(2)　①　有能　　②　無能　　③　堪能　　④　煩悩

（　　）と（　　）

Guide (1)では，②の反対は誕生，④の反対は老，①と③が同意語である。(2)は，①と②が反意語になっている。

〔検査時間　6分〕

〔手　引〕

①	②	③	④	⑤
87 51	91 40	37 78	42 18	56 63

(1)　9 × 8 ÷ 2 + 1 =（　　）
(2)　10 × 8 − 2 × 1 =（　　）
(3)　3 × 8 − 9 + 3 =（　　）
(4)　6 × 7 − 3 × 8 =（　　）
(5)　11 × 5 + 8 − 7 =（　　）
(6)　4 × 9 + 2 × 2 =（　　）
(7)　88 ÷ 2 + 20 − 1 =（　　）
(8)　93 ÷ 3 + 40 ÷ 2 =（　　）
(9)　23 × 7 − 35 × 2 =（　　）
(10)　33 × 2 + 63 ÷ 3 =（　　）

〔手　引〕　Q ハ　F ネ　H イ　E ロ　D ミ

(11)　H イ　Q ミ　F ハ　E コ　G ネ　D ミ　R ハ　F オ　（　）
(12)　D シ　F ネ　E ロ　H イ　Q ハ　D メ　E ネ　H レ　（　）
(13)　Q ハ　D ロ　E イ　O ロ　F ネ　S シ　H イ　D シ　（　）
(14)　E イ　F オ　O ハ　H ネ　D シ　H イ　R ミ　D ホ　（　）
(15)　E ミ　F イ　S シ　E ロ　O ハ　F オ　Q メ　H イ　（　）

(16) ① 先天的 ② 予定 ③ 後進的 ④ 後天的

( )と( )

(17) ① 肯定 ② 相づち ③ 承知 ④ 承諾

( )と( )

(18) ① 自律 ② 自活 ③ 自由 ④ 他律

( )と( )

(19) ① 狂気 ② 病気 ③ 正気 ④ 良心

( )と( )

(20) ① 酒乱 ② 大酒飲み ③ 酒豪 ④ 宴会

( )と( )

〔手 引〕

①	②	③	④	⑤
91	52	33	75	40
80	65	14	21	54

(21) 10 × 7 + 2 × 5 = ( )

(22) 99 ÷ 3 + 12 − 5 = ( )

(23) 100 ÷ 5 × 3 + 5 = ( )

(24) 8 × 9 ÷ 4 × 3 = ( )

(25) 60 ÷ 4 × 2 − 9 = ( )

(26) 18 × 4 + 15 ÷ 5 = ( )

(27) 60 ÷ 3 × 5 − 20 = ( )

(28) 46 ÷ 23 ÷ 1 × 7 = ( )

(29) 100 − 4 × 2 − 1 = ( )

(30) 15 × 3 + 40 ÷ 2 = ( )

〔手 引〕 L ヤ | X ユ | K ラ | J ニ | Y カ

(31) K サ | T エ | X コ | L キ | J ニ | Y カ | L ヤ | X ヨ ( )

(32) L ヤ | Y カ | I エ | K サ | L セ | X ユ | K ラ | J ニ ( )

(33)	X ラ	L セ	Y ラ	K カ	X ヨ	K ラ	L ヤ	J エ	(　)
(34)	J ユ	X ニ	K ラ	L キ	J ニ	Y カ	K サ	L ヤ	(　)
(35)	Y カ	K サ	X エ	L キ	K ラ	Y サ	X ニ	L ヤ	(　)

(36) ① 優勝　② 敗退　③ 劣敗　④ 優越
(　)と(　)

(37) ① 有利　② 無理　③ 有力　④ 不利
(　)と(　)

(38) ① 凝固　② 結集　③ 発散　④ 融解
(　)と(　)

(39) ① 子供　② 継子　③ 孤児　④ みなし子
(　)と(　)

(40) ① 粋狂　② 粋　③ 野暮　④ 粗野
(　)と(　)

解答

(1)—③ (2)—③ (3)—④ (4)—④ (5)—⑤ (6)—② (7)—⑤ (8)—① (9)—② (10)—① (11)—2 (12)—4 (13)—3 (14)—1 (15)—2 (16)—①と④ (17)—③と④ (18)—①と④ (19)—①と③ (20)—②と③ (21)—① (22)—⑤ (23)—② (24)—⑤ (25)—④ (26)—④ (27)—① (28)—③ (29)—① (30)—② (31)—3 (32)—5 (33)—2 (34)—4 (35)—3 (36)—①と③ (37)—①と④ (38)—①と④ (39)—③と④ (40)—②と③

演 習 2

〔検査例 1〕 左端の図形と同じものを右側の図形から選び，その記号を解答欄に記入しなさい。

(1) 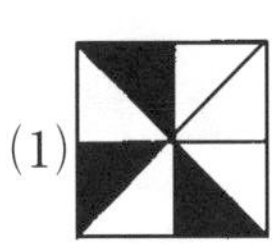 ① 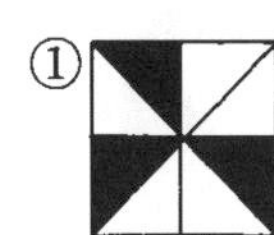 ② 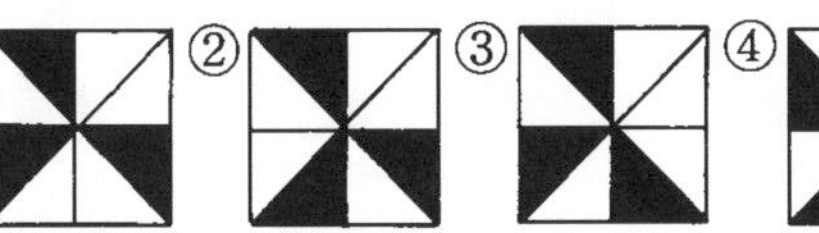 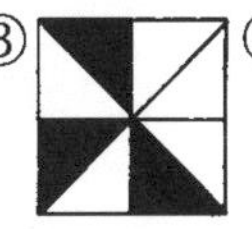 ③ 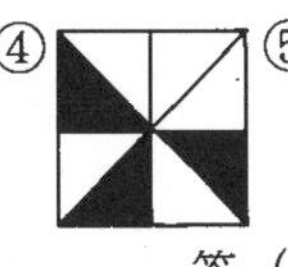 ④ ⑤ 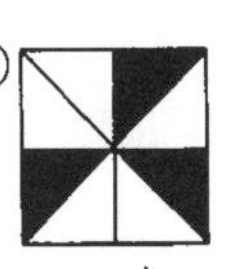

答（　　）

(2) 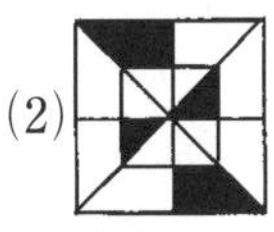 ① 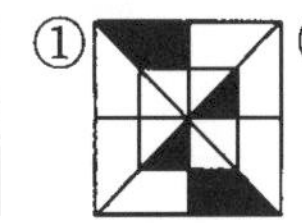 ② 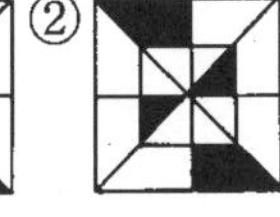 ③ 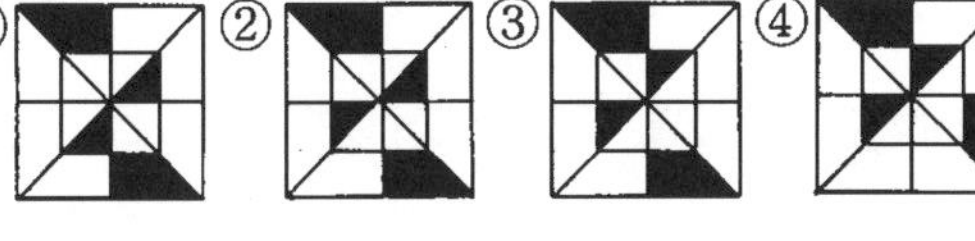 ④ 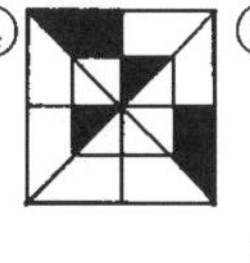 ⑤ 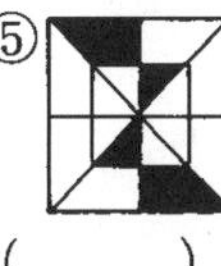

（　　）

Guide (1)の答は③，(2)は②になる。左図の一点，すなわち黒く塗りつぶしてある部分を核にして空間を把握するとよい。

〔検査例 2〕 次の計算をし，正しい答の番号を（　）の中に記入しなさい。

$\frac{1}{7}-\frac{1}{9}$　　① $\frac{16}{63}$　② $\frac{1}{2}$　③ $\frac{1}{16}$

④ $\frac{2}{63}$　⑤ 正答なし　（　）

Guide 通分すると$\frac{9}{63}-\frac{7}{63}$となり，答は$\frac{2}{63}$　したがって④が正答になる。

〔検査例 3〕 次の①，②の文から③の文章を推論し，＿＿にふさわしい語を解答欄に記入しなさい。

①　風が吹けば花は散る。　　②　花は散っていない。

③　風は＿＿。　　答（　）

Guide 風が吹く（原因）→花が散る（結果）の関係があるが，花が散っていないという結果から推論して，散る原因となる風は少なくとも吹いていないということになる。正解は，吹いていない。

〔検査時間　5分〕

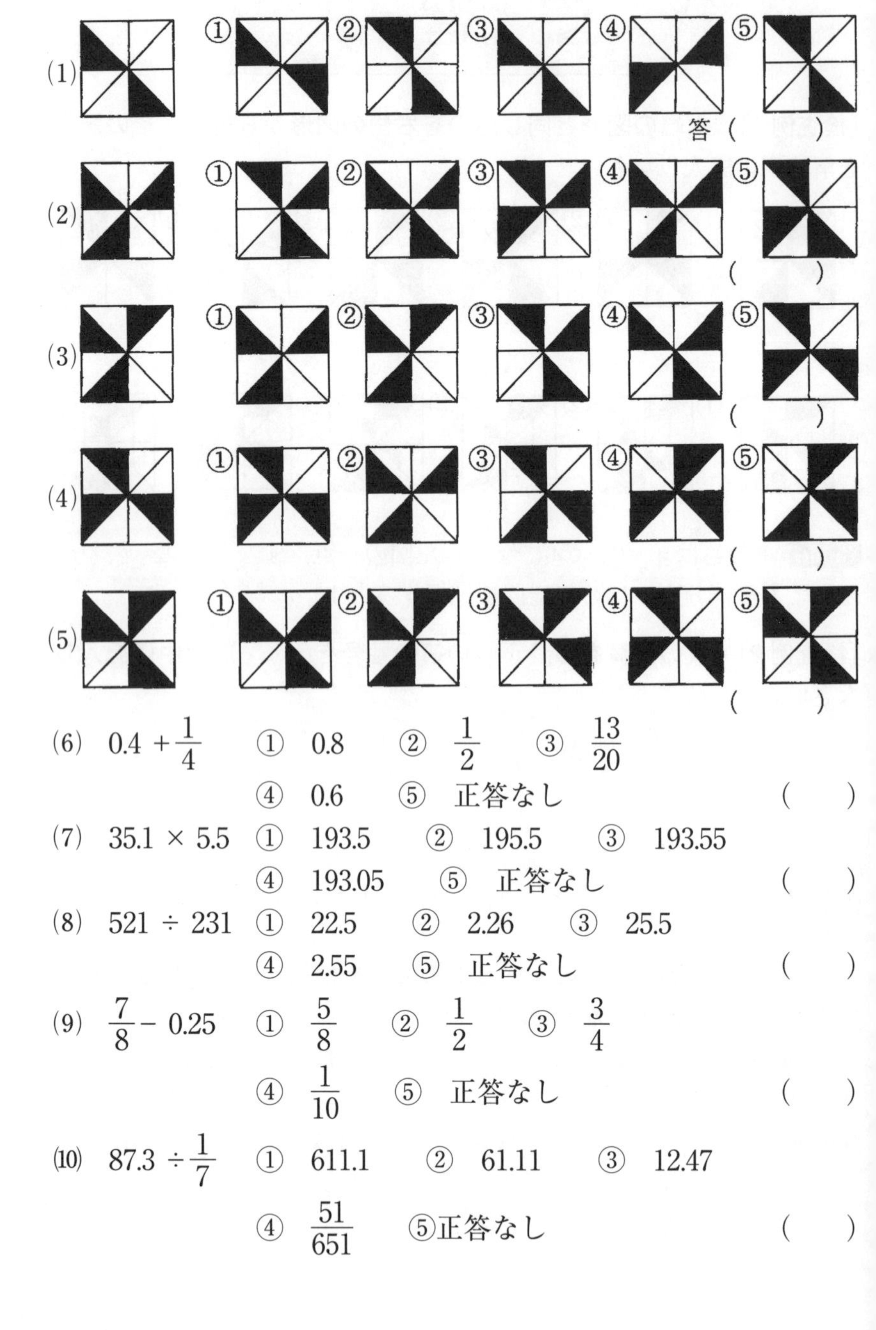

(6)　$0.4+\frac{1}{4}$　①　0.8　②　$\frac{1}{2}$　③　$\frac{13}{20}$

④　0.6　⑤　正答なし　（　　）

(7)　35.1×5.5　①　193.5　②　195.5　③　193.55

④　193.05　⑤　正答なし　（　　）

(8)　$521 \div 231$　①　22.5　②　2.26　③　25.5

④　2.55　⑤　正答なし　（　　）

(9)　$\frac{7}{8}-0.25$　①　$\frac{5}{8}$　②　$\frac{1}{2}$　③　$\frac{3}{4}$

④　$\frac{1}{10}$　⑤　正答なし　（　　）

(10)　$87.3 \div \frac{1}{7}$　①　611.1　②　61.11　③　12.47

④　$\frac{51}{651}$　⑤正答なし　（　　）

(11) ①　みよ子は大塚の娘である。　②　大塚はみよ子の母ではない。　③　大塚はみよ子の____である。　(　　)

(12) ①　この学校の教師は校長以外は皆女性である。　②　私の父はこの学校の教師である。　③　私の父は____である。　(　　)

(13) ①　彼は紅茶に必ず砂糖を入れる。　②　この紅茶には砂糖が入っていない。　③　この紅茶は____のものでない。　(　　)

(14) ①　朝5時になると鶏が鳴く。　②　まだ鶏が鳴いていない。　③　今，時刻は5時____だ。　(　　)

(15) ①　地面がぬれているのは，雨が降ったか水をまいたかだ。　②　誰も水をまいていない。　③　雨は____。　(　　)

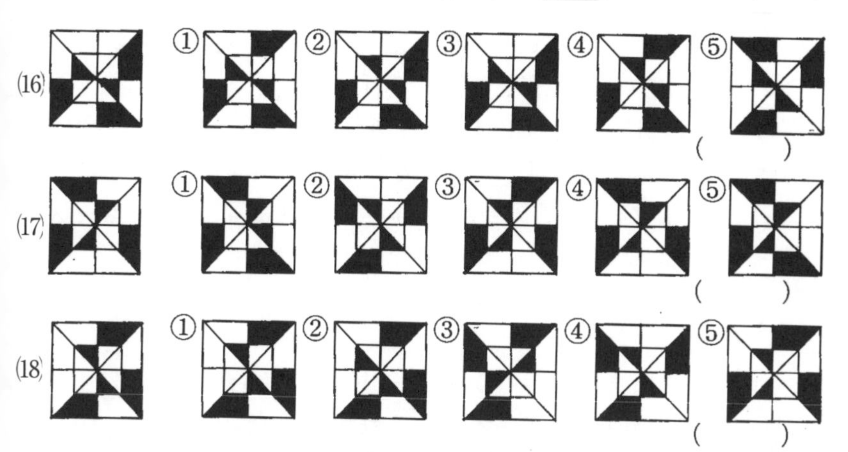

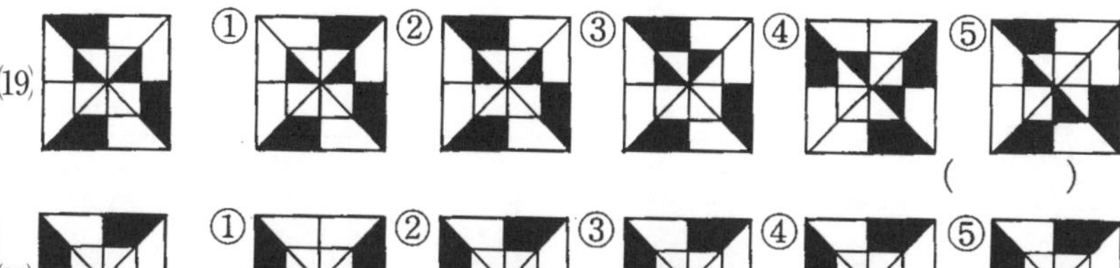

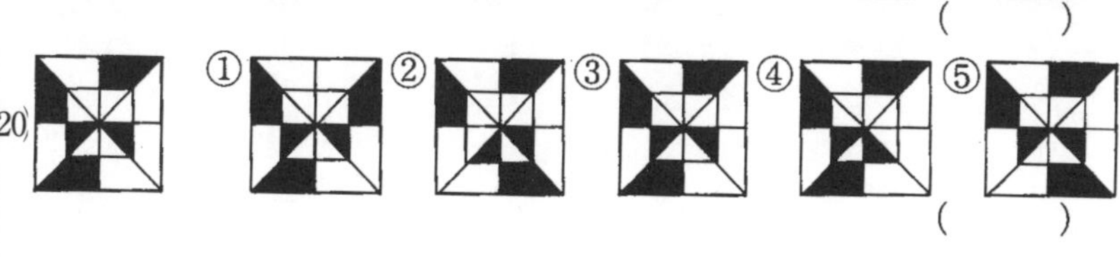

(21) $\frac{1}{36}+\frac{5}{24}$　① $\frac{11}{36}$　② $\frac{1}{6}$　③ $\frac{15}{72}$
④ $1\frac{1}{7}$　⑤ 正答なし　（　）

(22) 763.5－199.2　① 565.3　② 564.3　③ 564.2
④ 566.2　⑤ 正答なし　（　）

(23) 584.9－363.62　① 222.18　② 221.28　③ 221.18
④ 221.08　⑤ 正答なし　（　）

(24) 598.1 ＋ 6.5　① 605.6　② 603.6　③ 615.6
④ 604.6　⑤ 正答なし　（　）

(25) $\frac{5}{26}\times\frac{7}{8}$　① $\frac{35}{208}$　② $\frac{35}{207}$　③ $\frac{35}{218}$
④ $1\frac{1}{28}$　⑤ 正答なし　（　）

(26) ① 春子はクラスで１番のっぽだ。 ② 夏子はクラスのメンバーだ。 ③ 夏子は春子より背が＿＿。　（　）

(27) ① 私は日曜日には必ず教会に行く。 ② 今日は教会に行かない。 ③ 今日は＿＿ではない。　（　）

(28) ① ライターかマッチかどちらかあればよい。 ② ライターがある。 ③ ＿＿は必要ない。　（　）

(29) ① タバコは健康を害するものだ。 ② 彼はタバコを吸う。 ③ 彼は＿＿だろう。　（　）

(30) ① ここにあるのはペンかノートかどちらかだ。 ② これはペンではない。 ③ するとこれは＿＿だ。　（　）

解答

(1)―③　(2)―④　(3)―②　(4)―①　(5)―⑤　(6)―③　(7)―④　(8)―⑤　(9)―①　(10)―①　(11)―父　(12)―校長　(13)―彼　(14)―前　(15)―降った　(16)―③　(17)―④　(18)―①　(19)―②　(20)―③　(21)―⑤　(22)―②　(23)―②　(24)―④　(25)―①　(26)―低い　(27)―日曜日　(28)―マッチ　(29)―健康を害する　(28)―ノート

演　習　3

〔検査例 1〕右側の文字で左側の文字と異なるところがあれば，その文字を（　　）の中に記入しなさい。ただし，左右が同じものについては0を記入しなさい。

(1)　A　B　C　D　E ―― B　B　C　D　E　　（　　）
(2)　あ　い　う　え　お ―― あ　い　い　え　お　　（　　）
(3)　イ　ロ　ハ　ニ　ホ ―― イ　ロ　ハ　ニ　ホ　　（　　）

Guide (1)は〝A″が〝B″と入れかわっている。したがって答は〝B″。同様に(2)は〝い″，(3)は左右同じなので0と記入する。

〔検査例 2〕次の図形から推理し，5番目にくる図形を（　　）の中に描きなさい。

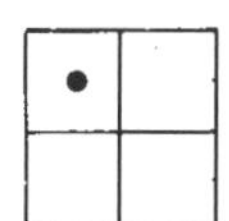
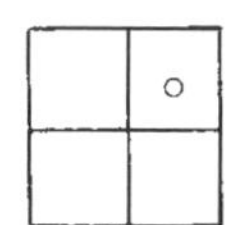
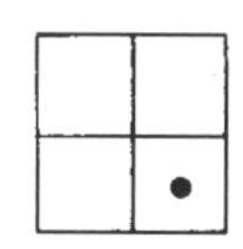
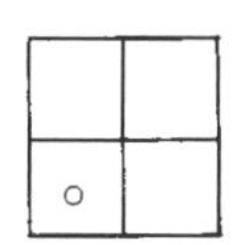
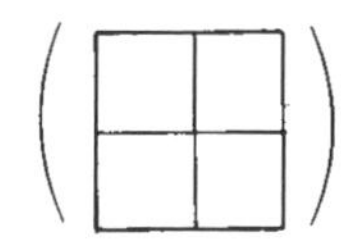

Guide 黒丸と白丸が順次に1マスずつ移動している図形。正解は右図のようになる。

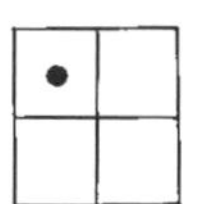

〔検査例 3〕次の数式を手引を用いて計算し，□の中に答を一の位だけ記入しなさい。

〔手　引〕

A	B	C	D	E	F	G	H	I	J	K
0	4	2	7	4	3	9	2	1	5	6

(1)　4 + I + 8 + G + 2 = □　　(2)　8 + H + A + 5 + 6 = □

Guide (1)のIに1を，Gに9をあてはめて計算すると24になる。したがって答は4。同様に計算して(2)は1になる。

〔検査時間　5分〕

⑴　A　B　C　D　E ——— A　C　B　D　E　（　　）
⑵　イ　ロ　ハ　ニ　ホ ——— イ　ロ　ハ　ニ　ホ　（　　）
⑶　ア　イ　ル　ケ　ナ ——— ア　イ　ケ　ル　ナ　（　　）
⑷　い　の　ん　ど　た ——— い　ん　ど　の　た　（　　）
⑸　a　c　c　b　d ——— a　c　b　b　d　（　　）
⑹　テ　イ　ロ　リ　ル ——— テ　イ　ロ　リ　ル　（　　）
⑺　に　い　か　の　と ——— に　か　い　の　と　（　　）
⑻　ナ　ヘ　リ　カ　ニ ——— ナ　ヘ　リ　ニ　カ　（　　）
⑼　A　A　B　D　C ——— A　A　C　D　C　（　　）
⑽　a　b　d　c　b ——— b　d　d　c　b　（　　）

⑾

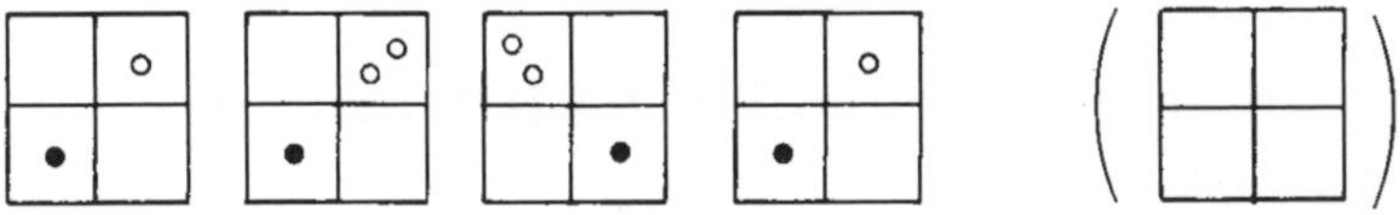

⑿

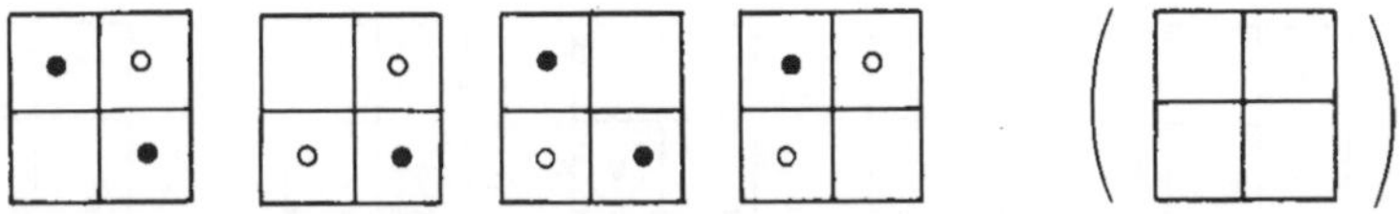

⒀

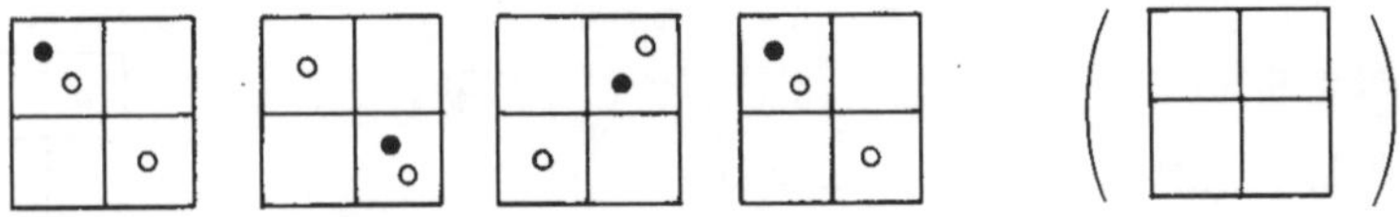

⒁

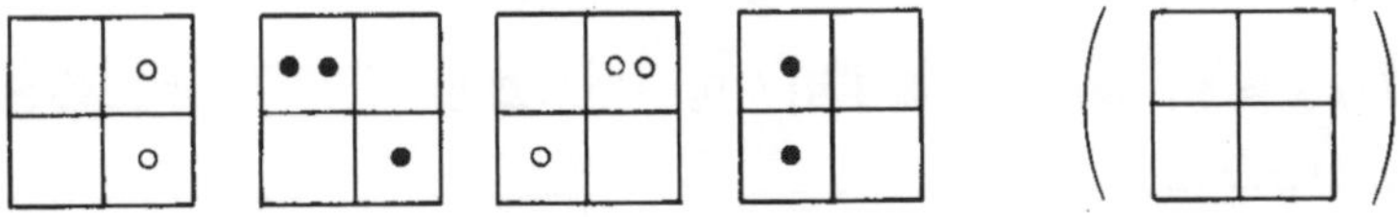

⒂

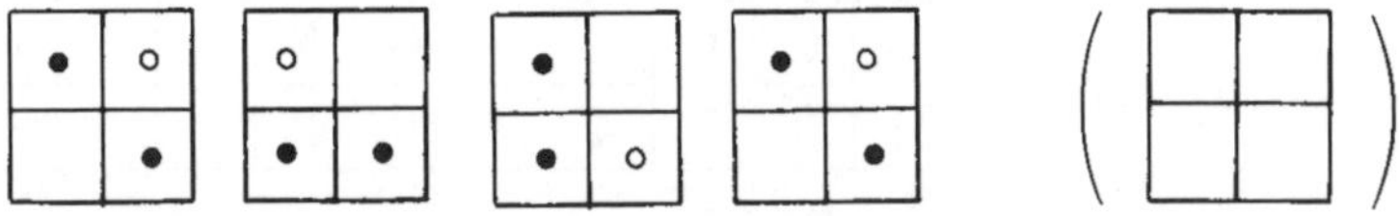

〔手　引〕

A	B	C	D	E	F	G	H	I	J	K
7	1	3	4	2	7	9	8	0	5	6

(16) 3 + 1 + I + 1 + G = □

(17) 7 + B + C + 3 + 4 = □

(18) I + 4 + D + 9 + 3 = □

(19) 3 + D + 7 + J + 5 = □

(20) H + 2 + 8 + 9 + C = □

(21) 6 + K + 5 + D + D = □

(22) 7 + 8 + F + B + I = □

(23) C + 5 + I + 2 + A = □

(24) 6 + B + B + 4 + C = □

(25) H + 5 + 8 + K + A = □

(26) ブ ラ フ マ ナ ―― ブ フ ラ マ ナ (　)

(27) H E G E L ―― H E G L L (　)

(28) リ ゴ リ ス ム ―― リ ゴ リ ス ム (　)

(29) p r o j e ―― p r o e j (　)

(30) ろ ま ん て か ―― ろ ん ま て か (　)

(31) S A C H E ―― S A C H E (　)

(32) あ ん じ つ ひ ―― あ ん じ つ ひ (　)

(33) プ ラ ナ ヤ マ ―― プ ラ マ ヤ ナ (　)

(34) ソ ク ラ テ ス ―― ク ソ ラ テ ス (　)

(35) l o g i c ―― l c g i o (　)

(36)
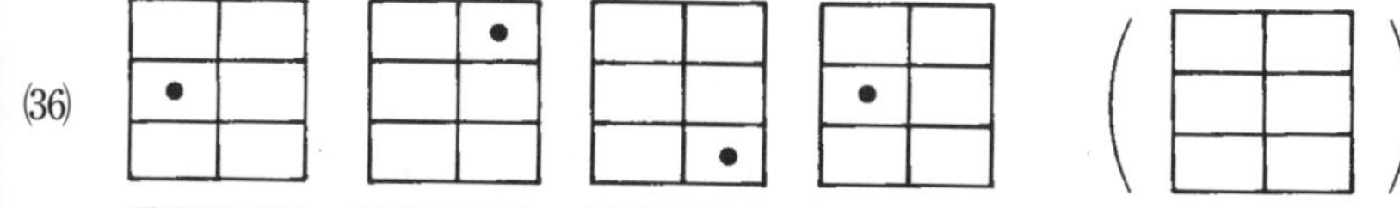

(37)
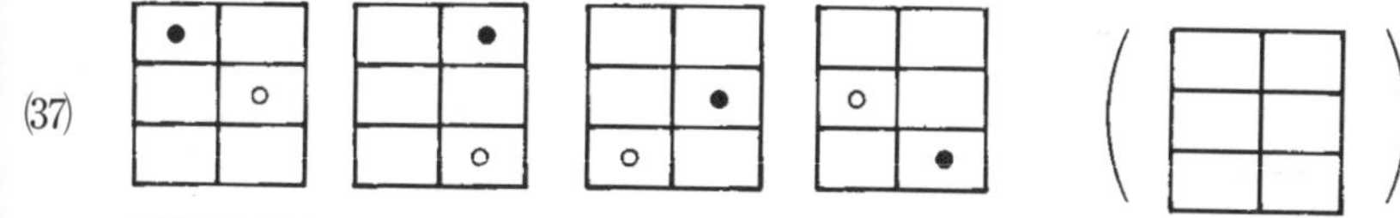

(38)
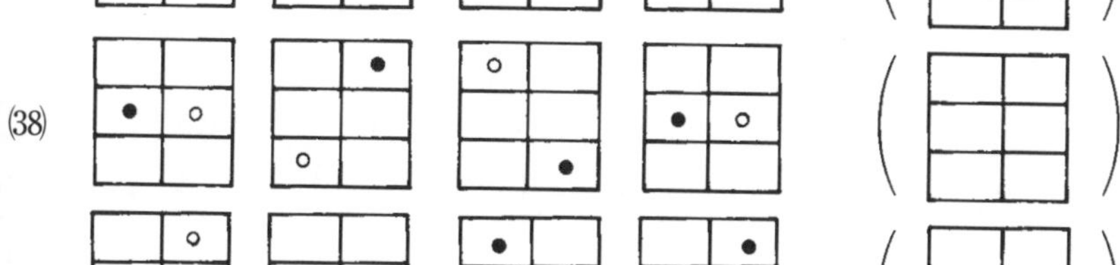

(39)
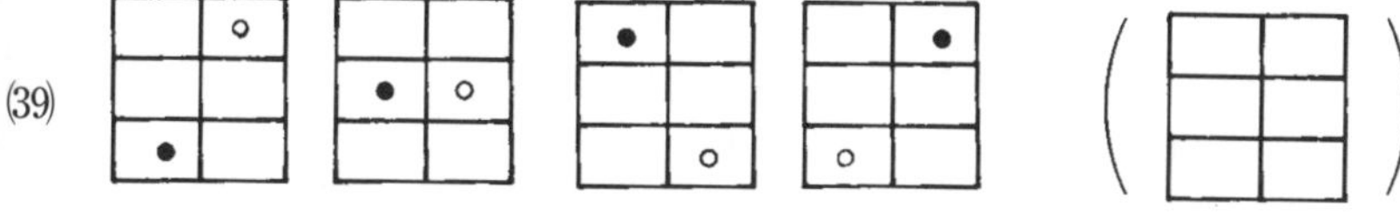

(40)

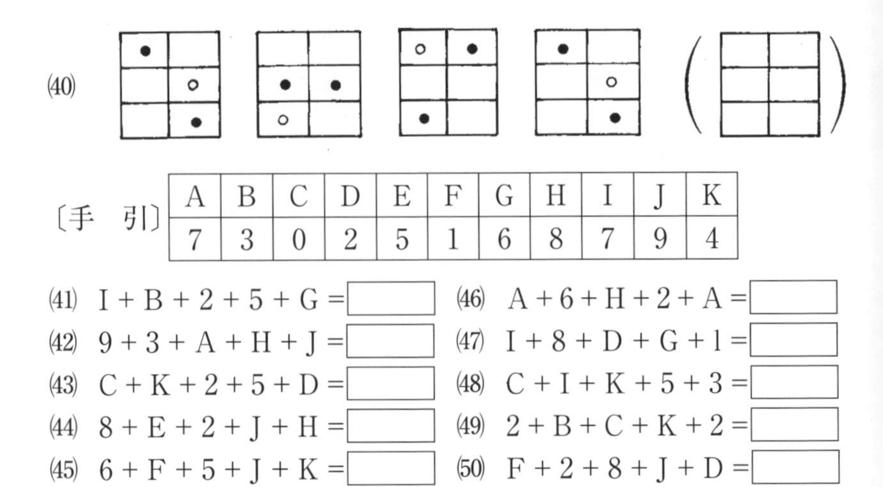

〔手　引〕

A	B	C	D	E	F	G	H	I	J	K
7	3	0	2	5	1	6	8	7	9	4

(41) I + B + 2 + 5 + G = □
(42) 9 + 3 + A + H + J = □
(43) C + K + 2 + 5 + D = □
(44) 8 + E + 2 + J + H = □
(45) 6 + F + 5 + J + K = □
(46) A + 6 + H + 2 + A = □
(47) I + 8 + D + G + 1 = □
(48) C + I + K + 5 + 3 = □
(49) 2 + B + C + K + 2 = □
(50) F + 2 + 8 + J + D = □

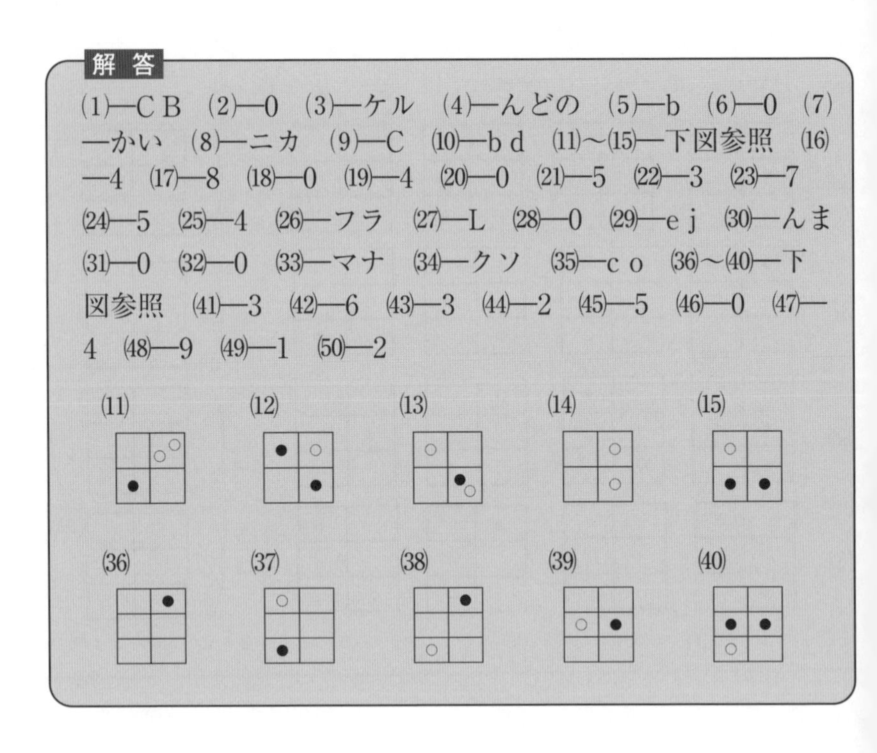

解答

(1)—CB　(2)—0　(3)—ケル　(4)—んどの　(5)—b　(6)—0　(7)—かい　(8)—ニカ　(9)—C　(10)—bd　(11)〜(15)—下図参照　(16)—4　(17)—8　(18)—0　(19)—4　(20)—0　(21)—5　(22)—3　(23)—7　(24)—5　(25)—4　(26)—フラ　(27)—L　(28)—0　(29)—ej　(30)—んま　(31)—0　(32)—0　(33)—マナ　(34)—クソ　(35)—co　(36)〜(40)—下図参照　(41)—3　(42)—6　(43)—3　(44)—2　(45)—5　(46)—0　(47)—4　(48)—9　(49)—1　(50)—2

演 習 4

〔検査例 1〕次の左右のことばを照合して，同じ場合は①，異なる場合は②と（　　）の中に記入しなさい。

(1)　不二教育出版 KK ——— 不二教育出版社 KK　　（　　）
(2)　今月今夜のこの月を ——— 今月今夜のこの月を　　（　　）

Guide (1)は左側が〝出版〟，右側が〝出版社〟となっているので答は②。(2)は左右とも同じなので答は①になる。

〔検査例 2〕下に掲げる数字を手引と照合し，誤りが 1 つならば①，2 つならば②というように（　　）の中に記入しなさい。

〔手　引〕

	い	ろ	は	に
a	9602	7949	4141	5332
b	5033	6711	8304	2320
c	1781	3464	5381	3577

(1)　a は 4141　　c ろ 3446　　b に 5332　　c は 5318　　（　　）
(2)　b い 9602　　a に 5332　　c い 5033　　b ろ 6711　　（　　）

Guide (1)は誤りが 3 つあるので答は③。同様にして(2)の答は②。

〔検査例 3〕次の問題を解き，その答を（　　）の中に記入しなさい。なお，単位の記入がない場合は誤答あつかいにします。

(1)　1 袋 150 円の菓子を 5 袋買ったら，50 円値引きしてくれました。1 袋につきいくら支払ったことになりますか。　答（　　）
(2)　縦 5 cm, 横 8.5 cm, 容積 255 cm^3 の水槽の中に水を半分入れると，水位は何 cm になりますか。　（　　）

Guide (1)は 1 袋につき 50÷5＝10 で 10 円値引きしたことになるから，150－10＝140 で答は 140 円になる。(2)の答は 3 cm。

［検査時間　9分］

⑴　栄養機能食品規格基準 ——— 栄養機能食品視格基準　(　　)
⑵　我思う故に我あり ——— 我思う故に我有り　(　　)
⑶　タバコはマイルドで ——— タバコはマイルドで　(　　)
⑷　人間万事塞翁が馬 ——— 人間万事塞翁の馬　(　　)
⑸　あかつき少年合唱団 ——— あかつき少年合唱隊　(　　)
⑹　タカラコーヒーポット ——— タカラコーヒーポット　(　　)
⑺　おたよりありがとう ——— おたよりありがとう　(　　)
⑻　人間ピラミッド ——— 人間ピラミット　(　　)
⑼　純粋理性批判講読 ——— 純粋理性批判購読　(　　)
⑽　梨花一枝雨を帯びたり ——— 梨果一枝雨を帯びたり　(　　)

〔手　引〕

	あ	い	う	え
イ	7217	2872	5531	6647
ロ	3853	7661	9652	3165
ハ	6337	5866	3667	4253

⑾　イえ 6647　ロい 2872　ハあ 3853　イう 6647　(　　)
⑿　ハう 9652　イあ 7217　ロう 9652　ハえ 4253　(　　)
⒀　ロあ 7217　ハい 5866　イい 2872　ロえ 3164　(　　)
⒁　イい 2872　ロあ 3853　ハう 3676　イあ 7127　(　　)
⒂　ハあ 3853　イう 5513　ロえ 3165　ハう 3676　(　　)
⒃　ハい 5866　イい 2872　ハう 3676　ロあ 3853　(　　)
⒄　イあ 7217　ハえ 4235　ロう 5531　イえ 6674　(　　)
⒅　ロい 2872　イう 5513　ハあ 6337　ロえ 3165　(　　)
⒆　ハう 3676　ロあ 7217　イえ 6674　ハい 5866　(　　)
⒇　イえ 6647　ハう 3676　ロい 7661　イう 5531　(　　)

(21)　5万分の1の地図上に，縦 2 cm，横 1.5 cm の長方形の土地があります。この土地の実際の面積は何 km^2 ですか。　(　　)

⑵ 100枚の札を，左から3枚目ごとに赤色，5枚目ごとに黒色を塗ると，何も塗らない札は何枚できますか。 (　　)
⑵ ある数Aを5倍して12をひくと，もとの数と同じになります。数字Aはいくつですか。 (　　)
⑵ 100g 600円の毛糸550gでセーターが1枚編めます。10000円では何枚編めますか。 (　　)
⑵ ネズミは半年に5匹子を生みます。1匹のネズミが子を生んだあと，1年後には合計何匹になりますか。 (　　)

⑵ 富士山麓オーム鳴く ――― 富士山麓オオム鳴く (　　)
⑵ 多摩東部建築指導事務所 ――― 多摩東部建設指導事務所 (　　)
⑵ ゴウカクオメデトウ ――― ゴウカクオメデトウ (　　)
⑵ 本日ハ晴天ナリ ――― 本日ハ晴天ナリ (　　)
⑶ ビューテフルサンデー ――― ビューティフルサンデー (　　)
⑶ 芥川賞授賞記念式 ――― 芥川賞受賞記念式 (　　)
⑶ カクノカサノシタデ ――― カクノカサノシタデ (　　)
⑶ 柳は緑，花は紅 ――― 柳は紅，花は緑 (　　)
⑶ 大河原式腹式呼吸法 ――― 大河原式腹式呼吸法 (　　)
⑶ やおよろずのかみ ――― やおよろづのかみ (　　)

〔手　引〕

	あ	い	う	え
A	5884	2992	6057	7003
B	2265	4964	3073	9922
C	7303	1291	8528	5203

⑶ Aあ 5848　Cえ 5203　Aい 2992　Cう 3073 (　　)
⑶ Bう 6057　Aう 7003　Cい 1291　Bあ 5884 (　　)
⑶ Cえ 5203　Bい 4946　Bえ 9922　Aえ 7003 (　　)
⑶ Bあ 2265　Cあ 7303　Aう 3073　Bい 1291 (　　)
⑷ Aう 6075　Bう 3037　Cえ 5222　Aあ 5884 (　　)

(41)	C え 9922	B い 4946	A う 6057	B あ 2265	(　　)
(42)	A あ 5548	C う 3073	B い 4964	A え 7003	(　　)
(43)	B う 3073	A う 6075	C あ 7303	B え 9922	(　　)
(44)	B い 4946	C え 5230	A う 6075	C あ 7303	(　　)
(45)	A え 7003	B あ 2265	C う 8528	A い 2929	(　　)

(46) A君は100 mを12秒間で走ります。A君が80 m走るとき，何秒かかりますか。 (　　)

(47) 1個500円の品物に2割増しの値段をつけて50個売ると，いくらの利益になりますか。 (　　)

(48) 宿題をAは4日，Bは5日でやります。2人が協力して5月1日に始めると，何月何日に終わりますか。 (　　)

(49) りんごを買ったところ，6個が虫喰いで，これは全体の8％にあたります。りんごは全部でいくつありますか。 (　　)

(50) 容積が180 ccのAカップ2つと20 ccのBカップ3つに500 ccの水を入れると，何cc余りますか。 (　　)

解答

(1)―② (2)―② (3)―① (4)―② (5)―② (6)―① (7)―① (8)―② (9)―② (10)―② (11)―③ (12)―① (13)―② (14)―② (15)―③ (16)―① (17)―③ (18)―② (19)―③ (20)―① (21)―$0.75km^2$ (22)―53枚 (23)―3 (24)―3枚 (25)―216匹 (26)―② (27)―② (28)―① (29)―① (30)―② (31)―② (32)―① (33)―② (34)―① (35)―② (36)―② (37)―③ (38)―① (39)―② (40)―③ (41)―② (42)―② (43)―① (44)―③ (45)―① (46)―9.6秒 (47)―5000円 (48)―5月3日 (49)―75個 (50)―80cc

演 習 5

〔検査例 1〕次の数式を計算し，その答が含まれている手引の番号を（　　）の中に記入しなさい。

	①	②	③	④	⑤
〔手　引〕	13 5	7 8	11 9	16 1	8 20

⑴　7 × 3 − 1 =（　　）　　⑶　99 ÷ 11 + 7 =（　　）

⑵　56 ÷ 8 + 6 =（　　）　　⑷　16 − 21 ÷ 3 =（　　）

Guide ⑴を計算すると 20 になる。したがって答は⑤。同様に計算して⑵は①，⑶は④，⑷は 21 ÷ 3 を先に計算して③になる。

〔検査例 2〕次の漢字の中に手引の文字がいくつ含まれているか，その数を（　　）の中に記入しなさい。

〔手　引〕浜　早　師　予　犬　尽　斥　巳　到　熱

⑴　早　己　斤　到　尺　了　師　洪　（　　）

⑵　予　倒　帥　巳　浜　塾　旱　犬　（　　）

Guide ⑴の漢字の中には，手引の文字「早・到・師」が含まれている。したがって答は 3 。同様に⑵は 4 になる。

〔検査例 3〕左に掲げることばの意味を①〜④から選び，その番号を（　　）の中に記入しなさい。

四角四面　①　長方形のこと　②　立方体のこと

（　　）　③　きわめて真面目なこと　④　厳しい格式

Guide ④とまちがいやすいが答は③である。

[検査時間　7分]

〔手　引〕

①	②	③	④	⑤
5	23	40	9	34
81	7	17	11	29

⑴　30 ÷ 3 ＋ 1 ＝(　　)
⑵　18 ＋ 11 × 2 ＝(　　)
⑶　28 ÷ 4 － 2 ＝(　　)
⑷　14 × 2 ＋ 1 ＝(　　)
⑸　51 ÷ 3 ＋ 6 ＝(　　)
⑹　17 × 1 ＋ 17 ＝(　　)
⑺　100 ÷ 2 － 10 ＝(　　)
⑻　21 × 5 － 24 ＝(　　)
⑼　3 × 6 － 1 ＝(　　)
⑽　7 × 6 － 8 ＝(　　)
⑾　100 － 11 × 7 ＝(　　)
⑿　3 × 6 ÷ 2 ＝(　　)
⒀　99 ÷ 11 － 4 ＝(　　)
⒁　55 ÷ 5 ＋ 6 ＝(　　)
⒂　16 × 2 － 3 ＝(　　)
⒃　47 － 19 × 2 ＝(　　)
⒄　28 ÷ 7 × 10 ＝(　　)
⒅　18 ÷ 2 × 9 ＝(　　)
⒆　5 × 5 － 2 ＝(　　)
⒇　100 ÷ 4 － 8 ＝(　　)

〔手　引〕　天　因　休　小　刀　末　技　香　貧　芸

(21)　技　因　体　杳　少　刀　夫　芸　(　　)
(22)　天　分　貧　投　休　困　末　香　(　　)
(23)　芸　攻　刃　因　未　杏　小　夭　(　　)
(24)　杳　少　抜　末　勺　夫　貧　花　(　　)
(25)　付　香　囚　分　貪　技　未　休　(　　)
(26)　芸　技　天　少　因　沓　刃　末　(　　)
(27)　小　夫　抜　杏　末　芸　香　貪　(　　)
(28)　杳　芸　刀　択　小　囚　末　天　(　　)
(29)　因　末　少　休　刀　貧　技　荘　(　　)
(30)　夭　沓　因　未　枝　小　勺　体　(　　)

⑶1 自業自得　① 自営業　② 自分の行いの報いを受けること
（　　）　③ 自給自足の生活　④ 満ちたりた生活

⑶2 三々五々　① 昔の計算法　② ばらばらと動く様子
（　　）　③ 縁起のよい数　④ 小さい数

⑶3 朝令暮改　① 日常の法令　② 悪い法をすぐ改める姿勢
（　　）　③ 法改正　④ すぐ変わってあてにならない法

⑶4 白河夜船　① 眠りこけること　② 河の美しい夜景
（　　）　③ ぜいたくな遊び　④ 熟練した船頭

⑶5 直情径行　① 剛情な人　② 考えの足りない人
（　　）　③ 感情のままに行動すること　④ 挙動不審

〔手　引〕

①	②	③	④	⑤
25	18	9	11	10
20	14	21	16	13

⑶6 $3 \times 8 - 8 =$（　　）
⑶7 $4 \div 2 \times 5 =$（　　）
⑶8 $5 \times 6 - 9 =$（　　）
⑶9 $18 \div 6 + 6 =$（　　）
⑷0 $3 \times 7 - 1 =$（　　）
⑷1 $9 + 6 \div 3 =$（　　）
⑷2 $7 \times 3 - 3 =$（　　）
⑷3 $18 - 4 \div 2 =$（　　）
⑷4 $21 \div 3 + 6 =$（　　）
⑷5 $12 \times 5 \div 3 =$（　　）
⑷6 $5 \times 5 - 7 =$（　　）
⑷7 $2 \times 8 - 5 =$（　　）
⑷8 $28 \div 4 \times 3 =$（　　）
⑷9 $8 \times 9 \div 4 =$（　　）
⑸0 $4 \times 7 \div 2 =$（　　）
⑸1 $3 \times 8 - 11 =$（　　）
⑸2 $45 \div 3 + 10 =$（　　）
⑸3 $15 \times 2 - 9 =$（　　）
⑸4 $2 \times 2 \times 4 =$（　　）
⑸5 $3 \times 0 + 9 =$（　　）

〔手　引〕　田　治　凩　析　戊　科　粕　伐　午　守

⑸6 治　料　戊　粕　牛　由　宇　折　（　）
⑸7 凩　田　午　代　冶　宗　所　柏　（　）
⑸8 粘　風　柝　新　由　戌　伐　牛　（　）

(59) 科 戌 守 伏 柏 凪 申 治 (　　)
(60) 午 粕 凧 田 枡 新 戌 伐 (　　)
(61) 冶 伏 伐 宇 科 粕 析 由 (　　)
(62) 戎 秋 柏 折 由 冶 牛 新 (　　)
(63) 田 所 凩 泊 戌 伐 科 宗 (　　)
(64) 守 冶 伐 干 料 仄 柏 戌 (　　)
(65) 科 午 宇 粕 代 戌 凧 冶 (　　)

(66) 水菓子　① 和菓子　② 水分の多い嗜好品
(　　)　③ 油を使わない菓子　④ 果物

(67) 汗牛充棟　① 牛小屋　② 蔵書が非常に多いこと
(　　)　③ 汗を流して労働するさま　④ 物持ち

(68) 四面楚歌　① 四部合唱　② まわりが敵ばかりである
(　　)　③ 歌いながら表情を変えること　④ 下手な歌

(69) 醍醐味　① 深い味わい　② 苦い味
(　　)　③ 天皇の食事　④ いろいろな味わい方

(70) 色即是空　① 空の色　② 色事は空しいという戒め
(　　)　③ 淡い色　④ 物の本質は空であるという思想

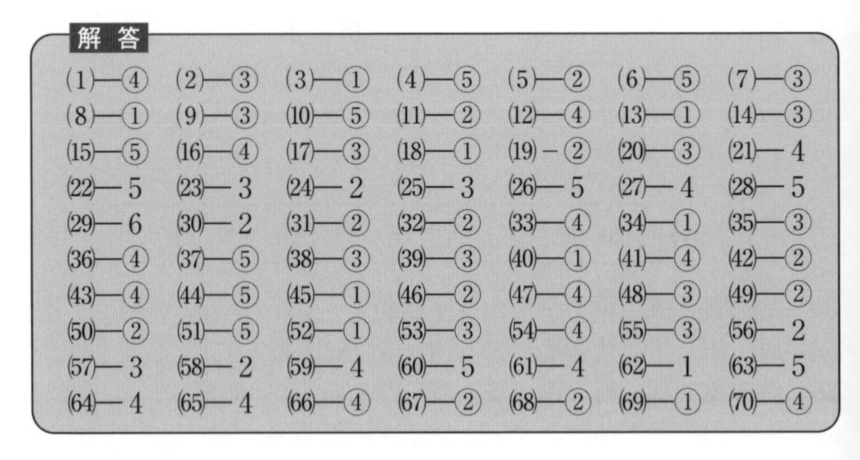

解答

(1)—④ (2)—③ (3)—① (4)—⑤ (5)—② (6)—⑤ (7)—③
(8)—① (9)—③ (10)—⑤ (11)—② (12)—④ (13)—① (14)—③
(15)—⑤ (16)—④ (17)—③ (18)—① (19)－② (20)—③ (21)—4
(22)—5 (23)—3 (24)—2 (25)—3 (26)—5 (27)—4 (28)—5
(29)—6 (30)—2 (31)—② (32)—② (33)—④ (34)—① (35)—③
(36)—④ (37)—⑤ (38)—③ (39)—③ (40)—① (41)—④ (42)—②
(43)—④ (44)—⑤ (45)—① (46)—② (47)—④ (48)—③ (49)—②
(50)—② (51)—⑤ (52)—① (53)—③ (54)—④ (55)—③ (56)—2
(57)—3 (58)—2 (59)—4 (60)—5 (61)—4 (62)—1 (63)—5
(64)—4 (65)—4 (66)—④ (67)—② (68)—② (69)—① (70)—④

演　習　6

〔検査例 1〕手引にある文字を 2 度以上使っていないグループの数を答えなさい。

〔手　引〕 たりしちわに

(1)　たわに　　たちり　　しちし　　にりり　　ちわに　（　　）
(2)　りりし　　しりし　　にわわ　　たりし　　たにし　（　　）

Guide (1)で手引の文字を 2 度使っているのは，〝しちし〞と〝にりり〞の 2 つ。したがって答は 3。同様にして(2)の答は 2 になる。

〔検査例 2〕次の英字に手引の数字をあてはめて等式を作り，かつ空欄の答を英字で表しなさい。

〔手　引〕

A	B	C	D	E	F
7	9	5	0	1	2

(1)　A + C = ［　　］ + C − F　　(2)　［　　］ − F = B − A + E

Guide (1)の左辺を計算すると 12 になり，右辺の C − F を計算すると 3 になる。したがって答は B 。同様に計算して(2)は C になる。

〔検査例 3〕次の①，②の文から③の文意を推論し，＿＿にふさわしい語を解答欄に記入しなさい。

①　正男は良男より年上である。　②　良男は花子より年上である。　③　花子は正男より＿＿である。　　答（　　）

Guide 正男が最年長者で，それに良男，花子と続く。したがって答は〝年下〞となる。

[検査時間　7分]

〔手　引〕

あ	い	さ	と	み	る

(1) あさる　いとみ　さとる　みさみ　さるい　(　　)
(2) さあい　といみ　るとみ　あさあ　みさあ　(　　)
(3) みさみ　あみあ　さみと　あいさ　あみい　(　　)
(4) あみと　さとさ　いるみ　とみい　るみあ　(　　)
(5) さあみ　いとさ　さとあ　るみさ　といさ　(　　)
(6) さあと　とさと　いるい　いさみ　みさみ　(　　)
(7) さみる　あとい　いあい　るある　あるみ　(　　)
(8) あるみ　とるみ　あいる　とみる　あいと　(　　)
(9) みさと　さいと　あさと　さとい　とみさ　(　　)
(10) いさと　みさと　みあい　あいあ　みるみ　(　　)

〔手　引〕

A	B	C	D	E	F
1	3	5	4	2	0

(11) A + B + ☐ = C + D
(12) D + C − ☐ = A + B + E
(13) C − E + ☐ = C − B + A
(14) E + ☐ + B = C + D − B
(15) C − D − ☐ = D + E − C − A
(16) B + E + F − ☐ = B + C − D
(17) B + A − D + ☐ = C − D + A
(18) D − A + B = B + C − ☐
(19) C − A + B = D + ☐ + A
(20) B − E + ☐ = D + B − E

(21) ① 日が照ればフトンは乾く。 ② フトンは乾いていない。
③ 今日は日が____。 (　)

(22) ① 正男はよし子の父である。 ② 道子はよし子の母である。 ③ 正男は道子の____である。 (　)

(23) ① りんごか柿かどちらかを買おう。 ② 柿は店に出ていなかった。 ③ だから____を買おう。 (　)

(24) ① 果物は果物屋で売っている。 ② キウィは果物の一種である。 ③ キウィは____で売っている。 (　)

(25) ① A子は村一番の働き者だ。 ② B子は村の人間である。
③ B子はA子より____だ。 (　)

〔手　引〕 た な に し え い そ

(26)	にしい	しそし	えいし	したし	しそい	(　)
(27)	たにそ	えいえ	しにそ	そなし	しにし	(　)
(28)	そなた	なたな	しいな	しいそ	いない	(　)
(29)	にしな	たなし	たえた	たいに	したそ	(　)
(30)	いしい	なたい	そしえ	たにた	いたい	(　)
(31)	にそい	えそし	なした	にした	なにな	(　)
(32)	になに	そえし	にそえ	たなた	そそし	(　)
(33)	たにな	えいし	なにし	たしい	しなし	(　)
(34)	なたし	なたな	いえい	しえい	そえい	(　)
(35)	にいし	たにし	にたに	そいし	そにそ	(　)

〔手　引〕

A	B	C	D	E	F	G
5	2	4	1	6	8	7

(36) C − B + A = [　　] + E
(37) [　　] − G = C + D − A
(38) A + B − D = F − D − [　　]
(39) B + C − [　　] = G − E

(40) F + B − D = [　　] + B

(41) A + C − D = [　　] + F − G

(42) E + G + D = F + [　　] + C

(43) C − D + B = F − B − [　　]

(44) D + F − [　　] = G + C − F

(45) [　　] + E − B = A − C + G

(46) ①　歩いて行くかタクシーで行くかどちらかだ。　② 歩いて行こう。　③　タクシーには＿＿。　(　　)

(47) ①　花は花屋で売っている。　②　シクラメンは花屋で売っている。　③　シクラメンは＿＿の一種だ。　(　　)

(48) ①　天気が悪いか夕方になるか，いずれかの場合に暗くなる。②　天気が悪い。　③　だから＿＿　(　　)

(49) ①　右に行けば学校，左に行けば図書館である。　② 私は図書館に行きたい。　③　だから私は＿＿に行く。　(　　)

(50) ①　A子は歌が好きだ。　②　歌謡曲は歌の一種だ。
③　A子は＿＿が好きだ。　(　　)

解答

(1)―4　(2)―4　(3)―3　(4)―4　(5)―5　(6)―2　(7)―3　(8)―5　(9)―5　(10)―3　(11)―C　(12)―B　(13)―F　(14)―A　(15)―A　(16)―A　(17)―E　(18)―E　(19)―E　(20)―D　(21)―照っていない（曇っている）　(22)―夫　(23)―りんご　(24)―果物屋　(25)―怠け者　(26)―3　(27)―3　(28)―3　(29)―4　(30)―2　(31)―4　(32)―2　(33)―4　(34)―3　(35)―3　(36)―D　(37)―G　(38)―D　(39)―A　(40)―G　(41)―G　(42)―B　(43)―D　(44)―E　(45)―C　(46)―乗らない　(47)―花　(48)―暗い　(49)―左　(50)―歌謡曲

演習 7

〔検査例 1〕下に掲げる数字が手引のどこに含まれているかを考え，該当する手引の番号を（　　）の中に記入しなさい。

	①	②	③	④	⑤
〔手　引〕	38～59 98～105	76～88 129～143	89～97 1～18	144～160 106～128	19～37 60～75

(1)　82　　　（　　）　　　(3)　47　　　（　　）
(2)　135　　（　　）　　　(4)　113　　（　　）

Guide (1)の 82 は，手引②の「76 ～ 88」に含まれている。したがって答は②。同様に(2)は②，(3)は①，(4)は④になる。

〔検査例 2〕次の図形から推理し，5 番目にくる図形を（　　）の中に描きなさい。

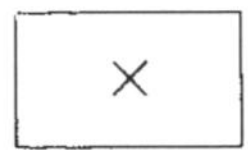

××
×××
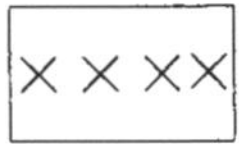

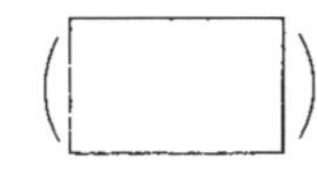

Guide ×印が 1 つずつ増えていく図形。
正解は右図のようになる。

〔検査例 3〕次のことばの中から同意語もしくは反意語の組み合わせになっているものを探し，その番号を解答欄に記入しなさい。

(1)　①　わがまま　　②　えこひいき　　③ 我流　　④ 身勝手
答（　　）と（　　）

(2)　①　正解　　②　誤解　　③　誤謬　　④　誤答
（　　）と（　　）

Guide (1)は①と④が同意語，(2)は①と④が反意語になっている。(1)は③の解釈に注意。

[検査時間　5分]

〔手　引〕	①	②	③	④	⑤
	5072～6059	7011～7548	2309～2400	3541～3899	4099～5071
	2560～3540	3900～4098	6060～7010	7549～8000	2401～2559

(1)　4080　(　　)　　(6)　5012　(　　)

(2)　7000　(　　)　　(7)　2399　(　　)

(3)　3800　(　　)　　(8)　3541　(　　)

(4)　6003　(　　)　　(9)　7422　(　　)

(5)　2509　(　　)　　(10)　5055　(　　)

(11)	×	×　×	××　×	××　××	(　　)
(12)	×	×　×	×　×　×	××××	(　　)
(13)	× ×	×　× ×　×	×　×× ×　××	××　×× ××　××	(　　)
(14)	××	×× ××	×× ××　××	××　×× ××　××	(　　)
(15)	×	× ×　×	×　×× ×　×	×　×× ××　××	(　　)

(16)　①　もったいない　　②　おしい　　③　くやしい

④　腹立たしい　　(　　)と(　　)

(17)　①　往復　　②　複雑　　③　錯綜　　④　快い

(　　)と(　　)

⑱ ① 童話 ② たとえ ③ 話題 ④ 比喩
( ) と ( )

⑲ ① 転職 ② 人事移動 ③ 栄転 ④ 左遷
( ) と ( )

⑳ ① 反抗 ② 服従 ③ 準拠 ④ 腹心
( ) と ( )

	①	②	③	④	⑤
〔手　引〕	209～348 452～511	1～58 109～148	408～451 512～563	564～614 59～108	149～208 349～407

(21) 167 ( )
(22) 420 ( )
(23) 59 ( )
(24) 565 ( )
(25) 472 ( )
(26) 288 ( )
(27) 24 ( )
(28) 550 ( )
(29) 136 ( )
(30) 350 ( )

(31) 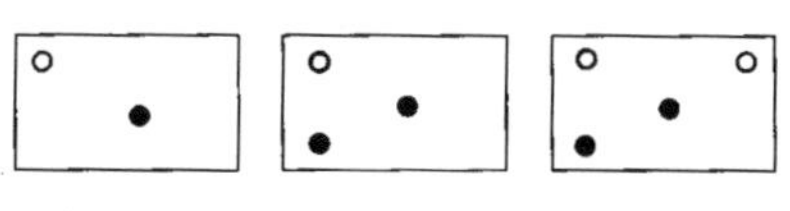

(32) 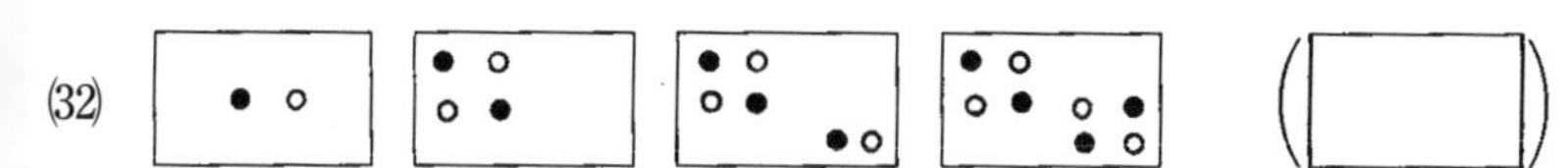

(33) 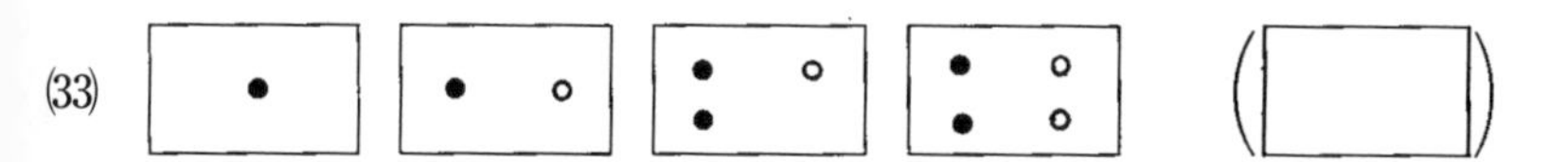

(34) 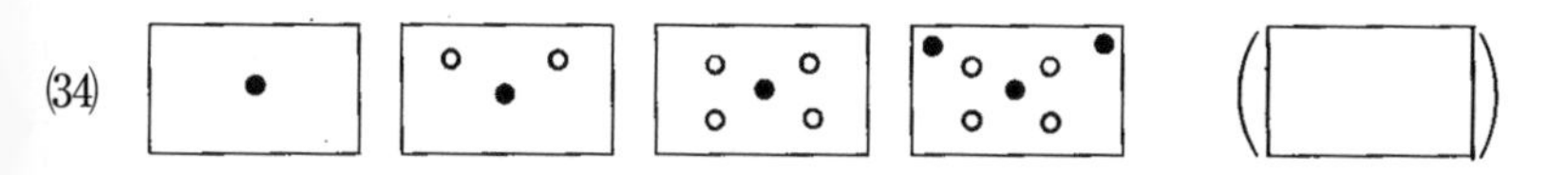

(35) (　　)

(36) ① 出荷　② 在庫　③ 入荷　④ 返品

(　)と(　)

(37) ① 出産　② 受胎　③ 臨月　④ 懐妊

(　)と(　)

(38) ① 創造　② でっちあげ　③ 捏造　④ 造形

(　)と(　)

(39) ① 同意　② おせじ　③ 追従　④ 認知

(　)と(　)

(40) ① さしさわり　② 支障　③しめくくり　④妨害

(　)と(　)

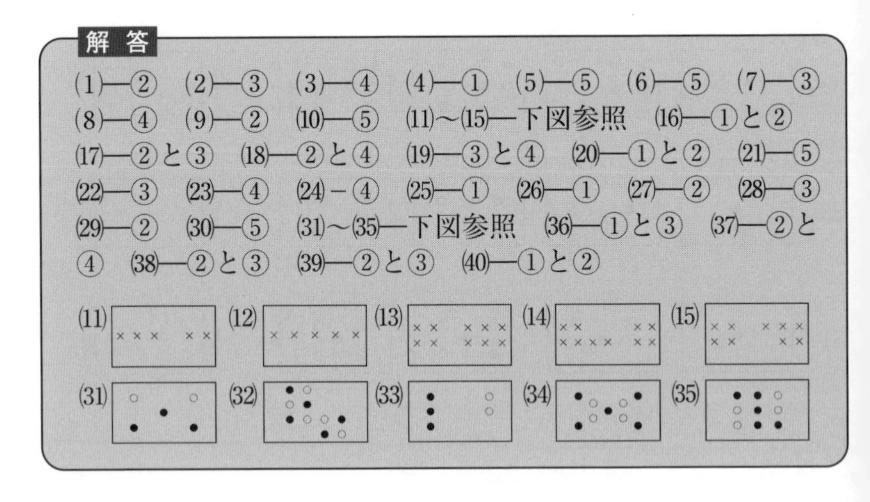

解答

(1)—②　(2)—③　(3)—④　(4)—①　(5)—⑤　(6)—⑤　(7)—③　(8)—④　(9)—②　(10)—⑤　(11)～(15)—下図参照　(16)—①と②　(17)—②と③　(18)—②と④　(19)—③と④　(20)—①と②　(21)—⑤　(22)—③　(23)—④　(24)－④　(25)—①　(26)—①　(27)—②　(28)—③　(29)—②　(30)—⑤　(31)～(35)—下図参照　(36)—①と③　(37)—②と④　(38)—②と③　(39)—②と③　(40)—①と②

(11) (12) (13) (14) (15)

(31) (32) (33) (34) (35)

演　習　8

〔検査例 1〕次の計算をし，正しい答の番号を（　　）の中に記入しなさい。

(1)　1983 ÷ 661　①　3　②　4　③　3.1
　　④　4.1　⑤　正答なし　（　　）

(2)　65 × 3.3　①　2145　②　214.5　③　2135
　　④　213.5　⑤　正答なし　（　　）

Guide (1)を計算すると 3 になる。したがって答は①。同様に計算して(2)は②になる。

〔検査例 2〕左に掲げることばと反対の意味のことばを①～④から選び，（　　）の中に記入しなさい。

(1)　上　品　①　無　粋　②　派　手　③　下　品
　　④　粗　野　（　　）

(2)　偶　然　①　必　然　②　決　定　③　当　然
　　④　自　然　（　　）

Guide (1)①の反意語は〝粋〟，②は〝地味〟，④は〝洗練〟である。したがって答は③。同様に進めて(2)は①になる。

〔検査例 3〕次の各文に該当する手引の記号 A ～ D を（　　）の中に記入しなさい。ただし，どれにも該当しない場合は E とします。

〔手　引〕

足＼距離	遠　い	近　い
疲れる	A	C
疲れない	B	D

私は遠くまで歩いたので疲れてしまった。　（　　）

Guide 〝疲れる〟，〝遠い〟を含む手引の A が答になる。

［検査時間　6分］

(1)　$\frac{1}{3}+5$　①　$\frac{1}{7}$　②　$5\frac{1}{3}$　③　$1\frac{2}{3}$
　　④　$\frac{1}{2}$　②　正答なし　（　）

(2)　$8-1\frac{1}{6}$　①　$7\frac{1}{6}$　②　$7\frac{5}{6}$　③　$6\frac{1}{6}$
　　④　$5\frac{5}{6}$　⑤　正答なし　（　）

(3)　$100 \div 250$　①　0.45　②　$\frac{4}{5}$　③　0.4
　　④　0.5　⑤　正答なし　（　）

(4)　$960.1 \div 8.1$　①　118.35　②　118.63　③　118.3
　　④　118.43　⑤　正答なし　（　）

(5)　$9 \div \frac{5}{9}$　①　5　②　$1\frac{4}{5}$　③　$\frac{5}{81}$
　　④　$16\frac{2}{5}$　⑤　正答なし　（　）

(6)　希　薄　①　精　密　②　濃　厚　③　精　巧
　　④　純　粋　（　）

(7)　敏　感　①　鋭　敏　②　痴　呆　③　鈍　感
　　④　稚　拙　（　）

(8)　集　合　①　分　散　②　散　逸　③　散　漫
　　④　解　散　（　）

(9)　美しい　①　貧しい　②　不潔だ　③　醜　い
　　④　不快だ　（　）

(10)　起　床　①　寝　床　②　就　床　③　睡　眠
　　④　入　眠　（　）

〔手　引〕

仕事＼結婚	している	していない
している	A	C
していない	B	D

(11) 彼は結婚したら仕事をやめる方がよい。 (　　)

(12) 彼は結婚してから仕事も順調のようだ。 (　　)

(13) 私は結婚して仕事をやめました。 (　　)

(14) 仕事か結婚かどちらかを選ばねばならない。 (　　)

(15) 彼は結婚もせず就職活動に夢中になっている。 (　　)

(16) 結婚の話がこわれたら，彼女は仕事にうちこめない。 (　　)

(17) 私は仕事も好きだけど，やはり結婚します。 (　　)

(18) あの人は未婚で仕事をしていない。 (　　)

(19) 既婚者の大半は仕事を持っている。 (　　)

(20) 彼は仕事ぶりがいいので結婚相手を紹介しよう。 (　　)

(21) $100-\frac{1}{300}$　① $\frac{2}{3}$　② $\frac{299}{300}$　③ $99\frac{299}{300}$
④ 99　⑤ 正答なし (　　)

(22) 24.5 + 36.7　① 60.2　② 62.2　③ 59.2
④ 61.2　⑤ 正答なし (　　)

(23) 981.1 − 98.11　① 882.99　② 888.88　③ 111
④ 111.11　⑤ 正答なし (　　)

(24) 100 − 99.1　① 0.1　② 0.99　③ 0.9
④ 0.09　⑤ 正答なし (　　)

(25) $\frac{3}{8}-\frac{1}{4}$　① $\frac{1}{8}$　② $\frac{1}{2}$　③ $\frac{1}{4}$
④ 4　⑤ 正答なし (　　)

(26) 上　昇　① 陥　没　② 没　落　③ 沈　没
④ 下　降 (　　)

(27) 需　要　①　必　要　②　供　与　③　供　給
④　支　給　(　　)

(28) 当　選　①　落　第　②　落　選　③　抽　選
④　合　格　(　　)

(29) 発　生　①　発　達　②　発　展　③　停　止
④　消　滅　(　　)

(30) 結　合　①　解　消　②　粉　砕　③　分　離
④　分　担　(　　)

〔手　引〕

手先＼性	男	女
器　用	A	C
不器用	B	D

(31) 兄は器用だと皆に言われます。(　　)
(32) 彼はどうも不器用な人だ。(　　)
(33) いわば彼女は器用貧乏だ。(　　)
(34) 新入社員は概して不器用である。(　　)
(35) 弟は人はいいが，器用でないので困る。(　　)
(36) 友人はいつも小器用にたちまわる。(　　)
(37) 私の甥は大変器用で，何でも自分で作ってしまう。(　　)
(38) 人間の美徳の１つとして器用ということがあると思う。(　　)
(39) 姉は子供のころから不器用だ。(　　)
(40) 母はこまめに働く。(　　)

解答

(1)—②　(2)—⑤　(3)—③　(4)—⑤　(5)—⑤　(6)—②　(7)—③
(8)—④　(9)—③　(10)—②　(11)—E　(12)—A　(13)—B　(14)—E
(15)—D　(16)—E　(17)—E　(18)—D　(19)—E　(20)—C　(21)—③
(22)—④　(23)—①　(24)—③　(25)—①　(26)—④　(27)—③　(28)—②
(29)—④　(30)—③　(31)—A　(32)—B　(33)—C　(34)—E　(35)—B
(36)—E　(37)—A　(38)—E　(39)—D　(40)—E

演　習　9

〔検査例 1〕次の数式を手引を用いて計算し，[　　]の中に答を一の位だけ記入しなさい。

〔手　引〕

A	B	C	D	E	F	G	H	I	J
9	0	8	7	4	1	3	2	1	5

(1)　9＋A＋5＋B＋2＝[　　]　　　(2)　H＋7＋I＋6＋C＝[　　]

Guide (1)のAに9を，Bに0をあてはめて計算すると25になる。したがって答は5。同様に計算して(2)の答は4になる。

〔検査例 2〕右側の図形は，左側の図形を線のように切断したものだが，1つだけ余分なものがあります。その番号を（　　）の中に記入しなさい。

Guide (1)は④，(2)は②が正解。切断した図形の大小，切り口に注意。

〔検査例 3〕左側に掲げた一対の語句と同じ関係になるように，（　　）内に入る適当な語句を①～⑤から選び，その番号を記入しなさい。

犬：動　物＝タンポポ：(　　)　　①　草　花
　②　キク科　　③　植　物　　④　花　　⑤　野　草

Guide ①～⑤のいずれもタンポポと係わりがあるが，犬とタンポポを比べてみれば，片方が動物なら片方は植物となる。答は③。

[検査時間　3分]

〔手　引〕

A	B	C	D	E	F	G	H	I	J	K
2	0	1	3	5	4	7	6	9	7	1

(1)　A＋2＋G＋H＋3＝☐　　(6)　3＋7＋C＋B＋K＝☐

(2)　6＋7＋H＋J＋C＝☐　　(7)　5＋G＋C＋A＋J＝☐

(3)　9＋C＋D＋F＋5＝☐　　(8)　F＋B＋2＋3＋I＝☐

(4)　7＋F＋J＋K＋1＝☐　　(9)　K＋D＋3＋8＋D＝☐

(5)　I＋9＋3＋D＋G＝☐　　(10)　2＋C＋I＋A＋5＝☐

(16)　海：水＝山：(　　)　①　川　②　登　山
　③　土　④　風　⑤　山　道

(17)　ストーブ：暖房器具＝タバコ：(　　)　①　喫煙室
　②　タバコの葉　③　煙　④　嗜好品　⑤　箱

⒅　茶：湯のみ＝時　刻：（　　）　①　時　間
②　時　計　③　天文台　④　ラジオ　⑤　24時間

⒆　医　者：患　者＝教　師：（　　）　①　父　兄
②　教育者　③　教　室　④　教　育　⑤　生　徒

⒇　敵：味　方＝誕　生：（　　）　①死　亡
②　生　命　③　人　生　④　生　死　⑤　消　滅

〔手　引〕

A	B	C	D	E	F	G	H	I	J	K
0	1	3	2	4	6	5	7	8	0	9

(21)　C＋A＋B＋2＋3＝□
(22)　6＋C＋D＋E＋5＝□
(23)　8＋9＋I＋J＋K＝□
(24)　5＋B＋D＋F＋6＝□
(25)　3＋4＋G＋H＋K＝□
(25)　F＋J＋2＋1＋K＝□
(27)　A＋K＋2＋D＋8＝□
(28)　9＋1＋E＋F＋G＝□
(29)　6＋B＋J＋9＋E＝□
(30)　8＋F＋H＋5＋C＝□

(31) 　①　②　③　④　（　　）

(32) 　①　②　③　④　（　　）

(33) 　①　②　③　④　（　　）

(34) 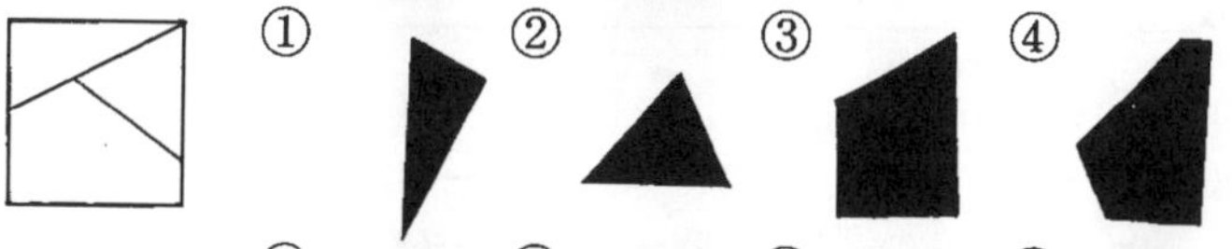　①　②　③　④　（　　）

(35) 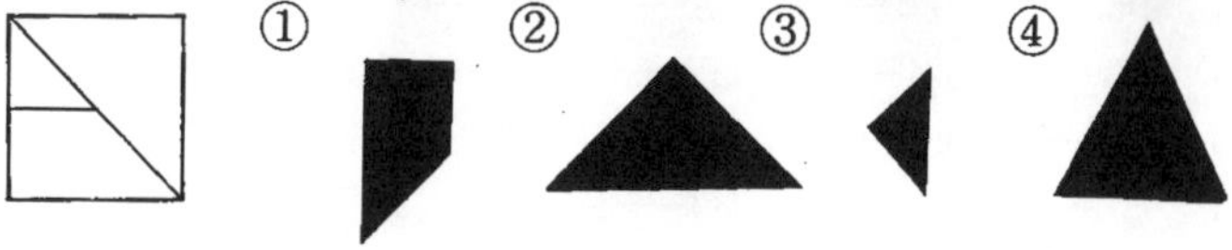　①　②　③　④　（　　）

⑶⑹ 経　理：事　務＝ボールペン：(　　)　① 万年筆
② そろばん　③ 文房具　④ 電　卓　⑤ 筆

⑶⑺ 物　質：精　神＝空　間：(　　)　① 時　間
② 時　刻　③三次元　④ 物　理　⑤ 哲　学

⑶⑻ ほうき：掃　除＝病　院：(　　)　① 病　気
② 病　人　③ 医　者　④ 治　療　⑤ 看護師

⑶⑼ 絶　食：餓　死＝過　熱：(　　)　① 着　火
② 発　火　③ 発　熱　④ 熱　病　⑤ 炎

⑷⑽ 父　親：男　親＝末　裔：(　　)　① 先　祖
② 子　孫　③ 血　統　④ 家系図　⑤ 家　族

解 答

⑴—0　⑵—7　⑶—2　⑷—0　⑸—1　⑹—2　⑺—2
⑻—8　⑼—8　⑽—9　⑾—④　⑿—④　⒀—④　⒁—①
⒂—③　⒃—③　⒄—④　⒅—②　⒆—⑤　⒇—①　(21)—9
(22)—0　(23)—4　(24)—0　(25)—8　(26)—8　(27)—1　(28)—5
(29)—0　(30)—9　(31)—④　(32)—②　(33)—①　(34)—③　(35)—④
(36)—③　(37)—①　(38)—④　(39)—②　(40)—②

演習 10

〔検査例1〕左に掲げることばと反対の意味のことばを①〜④から選び，その番号を（　）の中に記入しなさい。

(1)上　司　①　部　下　②　下　司　③　社　員
　　　　　④　同　僚　　　　　　　　　（　）

(2)単　純　①　合　一　②　困　難　③　混　乱
　　　　　④　複　雑　　　　　　　　　（　）

Guide (1)は①，(2)は④が正解。なお(2)②の反意語は〝容易〟，③の反意語は〝秩序〟である。

〔検査例2〕左右の図形と数字を手引と照合し，合致しないものの数を（　）の中に記入しなさい。

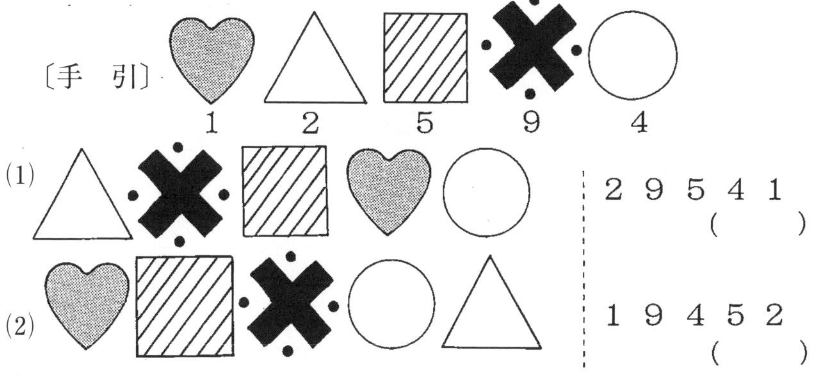

Guide (1)はハートの1と丸の4の数字が入れかわっている。したがって答は2。同様に(2)は3になる。

〔検査例3〕次の問題を解き，その答を（　）の中に記入しなさい。なお，単位の記入がない場合は誤答あつかいにします。

たて5 cm, 横6 cm, 高さ12 cmの箱があります。この箱の表面積はいくつになりますか。　（　）

Guide 計算は，$(5 \times 6 + 6 \times 12 + 12 \times 5) \times 2 = 324$。したがって答は324 cm^{2}になる。

［検査時間　6分］

(1)　過　密　①　濃　密　②　粗　大　③　過　疎
　　　　　　④　疎　遠　（　）

(2)　優越感　①　劣　敗　②　卑　屈　③　劣等感
　　　　　　④　ひけ目　（　）

(3)　就　職　①　進　退　②　退　社　③　転　職
　　　　　　④　退　職　（　）

(4)　能　動　①　受　容　②　可　能　③　不　動
　　　　　　④　受　動　（　）

(5)　主　観　①　客　観　②　容　体　③　傍　観
　　　　　　④　静　観　（　）

〔手　引〕

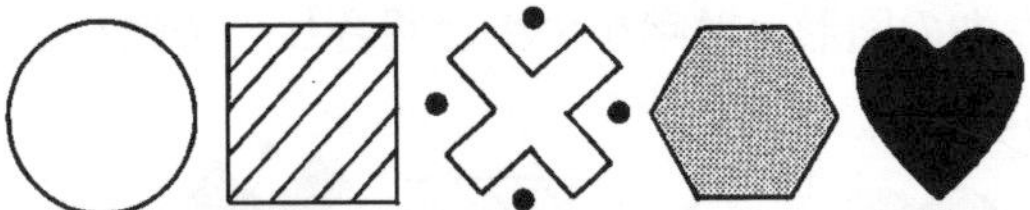

1　7　9　3　5

(6) 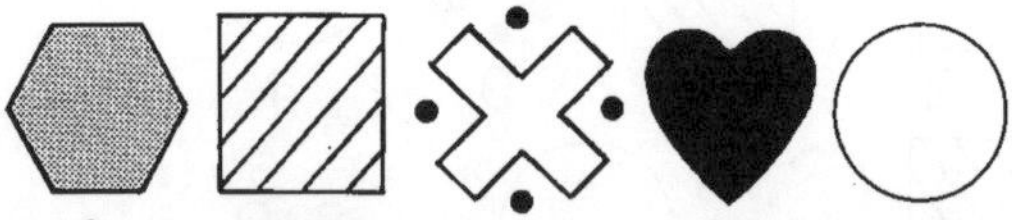　3 9 7 5 1　（　）

(7) 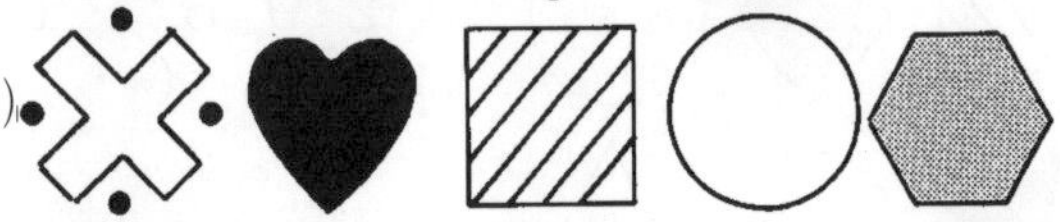　9 5 7 1 2　（　）

(8) 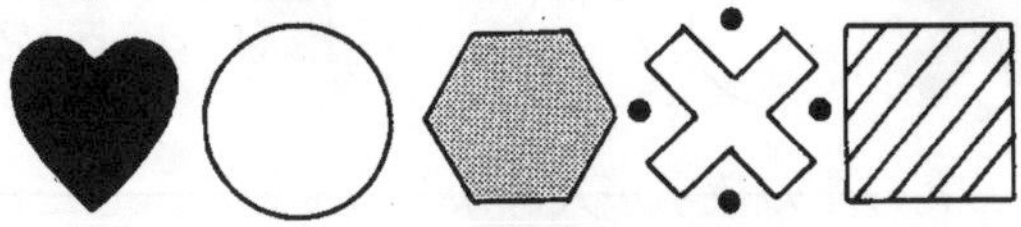　5 1 9 3 6　（　）

(9) 　1 4 3 5 8　（　）

(10) 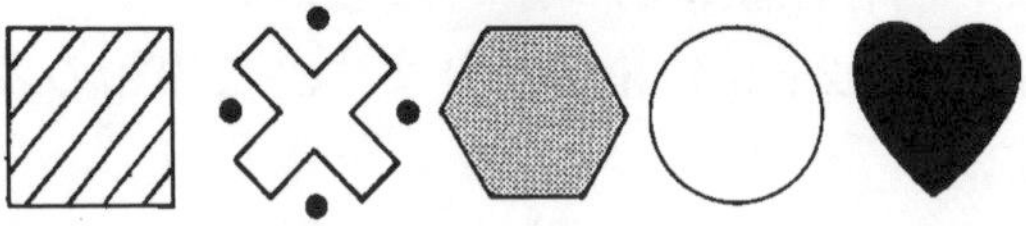　7 9 2 1 5　（　）

(11)　底面積が 250 cm^2 の水そうに，1 秒間に 20 cm^3 ずつ給水します。1 分後に水の高さは何 cm になりますか。　(　　)

(12)　兄は毎分 65 m で歩いています。10 分後に弟が同じ道を自転車で毎分 115 m で追いかけると何分で追いつきますか。(　　)

(13)　りんごは 1 個 90 円，柿は 1 個 120 円です。りんごと柿をそれぞれ同じ金額だけ買うには最低何円必要ですか。　(　　)

(14)　1860 m の道のりを往復したが，帰りには行きより分速を 2 m 増したため 1 分早く着きました。行きは分速何 m でしたか。

(　　)

(15)　太さ 1 cm, 外径 10 cm の輪を 3 つつなぎます。つないだ輪の端から端までは何 cm ありますか。　(　　)

(16)　温　暖　①　冷　感　②　湿　潤　③　厳　寒
④　寒　冷　(　　)

(17)　陽　気　①　不気嫌　②　陰　気　③　冷　淡
④　陰　惨　(　　)

(18)　絶　対　①　相　対　②　反　対　③　比較的
④　対　立　(　　)

(19)　積極的　①　両極的　②　消極的　③　気のりうす
④　懐疑的　(　　)

(20)　分　析　①　集　成　②　接　合　③　総　合
④　収　拾　(　　)

〔手　引〕
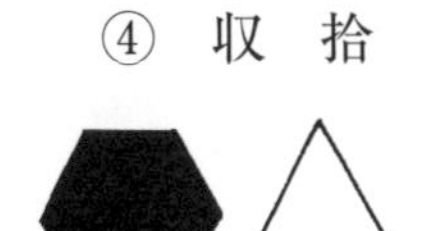
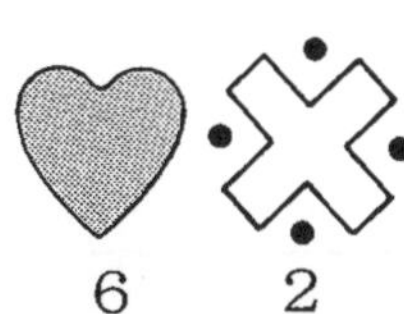

4　8　6　2　0

(21)
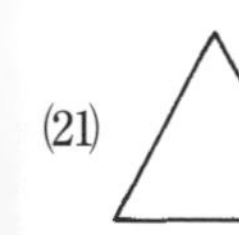
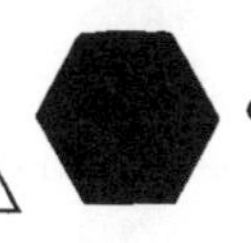
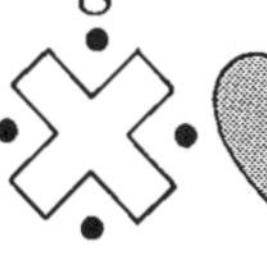
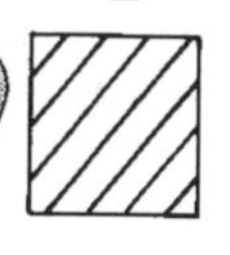

8　4　3　6　0
(　　)

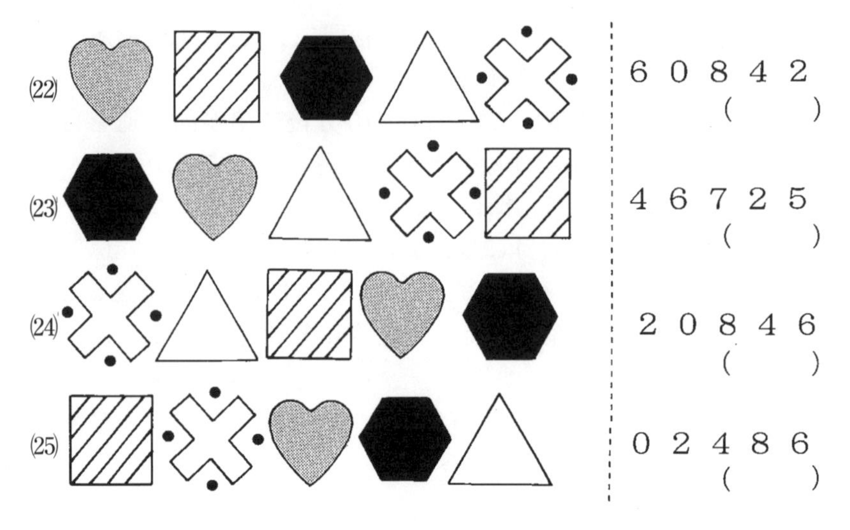

(26)　縦 20 cm, 横 25 cm, 高さ 8 cm, 厚みが 1 cm のマスがあります。このマスの容積は何 cm^3 ですか　(　　)

(27)　1 個 5 g の角砂糖があります。この角砂糖を 200 g の水に何個溶かすと，20%の砂糖水になりますか。　(　　)

(28)　縦 21 cm，横 17 cm の長方形の紙を，1 cm のます目に区切ります。交点は全部でいくつできますか。　(　　)

(29)　5 g の分銅が 2 つと，2 g の分銅が 3 つあります。これらを組み合わせると何通りの目方が量れますか。　(　　)

(30)　火鉢で 1 回に 2 枚ずつもちを焼くとき，片面だけで 3 分かかります。3 枚両面焼くには何分かかりますか。　(　　)

解答

(1)―③　(2)―③　(3)―④　(4)―④　(5)―①　(6)―2　(7)―1　(8)―3　(9)―4　(10)―1　(11)―4.8cm　(12)―13 分　(13)―720 円　(14)―60m　(15)―26cm　(16)―④　(17)―②　(18)―①　(19)―②　(20)―③　(21)―1　(22)―2　(23)―2　(24)―4　(25)―3　(26)―2898cm^3　(27)―10 個　(28)―396 個　(29)―11 通り　(30)―12 分

memo

スイスイとける　事務能力検査

2024年2月14日　初版　第1刷発行

編著者	ＴＡＣ株式会社 （事務能力検査研究会）
発行者	多田敏男
発行所	TAC株式会社　出版事業部 （TAC出版） 〒101-8383 東京都千代田区神田三崎町3-2-18 電話 03(5276)9492(営業) FAX 03(5276)9674 https://shuppan.tac-school.co.jp
印刷	日新印刷株式会社
製本	株式会社常川製本

ISBN 978-4-300-10769-0
N.D.C. 336

乱丁・落丁による交換，および正誤のお問合せ対応は，該当書籍の改訂版刊行月末日までといたします。
なお，交換につきましては，書籍の在庫状況等により，お受けできない場合もございます。
また，各種本試験の実施の延期，中止を理由とした本書の返品はお受けいたしません。返金もいたしかねますので，あらかじめご了承くださいますようお願い申し上げます。

書籍の正誤に関するご確認とお問合せについて

書籍の記載内容に誤りではないかと思われる箇所がございましたら、以下の手順にてご確認とお問合せをしてくださいますよう、お願い申し上げます。
なお、正誤のお問合せ以外の**書籍内容に関する解説および受験指導などは、一切行っておりません。**
そのようなお問合せにつきましては、お答えいたしかねますので、あらかじめご了承ください。

1 「Cyber Book Store」にて正誤表を確認する

TAC出版書籍販売サイト「Cyber Book Store」の
トップページ内「正誤表」コーナーにて、正誤表をご確認ください。

CYBER BOOK STORE TAC出版書籍販売サイト

URL:https://bookstore.tac-school.co.jp/

2 1の正誤表がない、あるいは正誤表に該当箇所の記載がない ⇒ 下記①、②のどちらかの方法で文書にて問合せをする

★ご注意ください★

お電話でのお問合せは、お受けいたしません。
①、②のどちらの方法でも、お問合せの際には、「お名前」とともに、
「対象の書籍名(○級・第○回対策も含む)およびその版数(第○版・○○年度版など)」
「お問合せ該当箇所の頁数と行数」
「誤りと思われる記載」
「正しいとお考えになる記載とその根拠」
を明記してください。
なお、回答までに1週間前後を要する場合もございます。あらかじめご了承ください。

① ウェブページ「Cyber Book Store」内の「お問合せフォーム」より問合せをする

【お問合せフォームアドレス】

https://bookstore.tac-school.co.jp/inquiry/

② メールにより問合せをする

【メール宛先　TAC出版】

syuppan-h@tac-school.co.jp

※土日祝日はお問合せ対応をおこなっておりません。
※正誤のお問合せ対応は、該当書籍の改訂版刊行月末日までといたします。

乱丁・落丁による交換は、該当書籍の改訂版刊行月末日までといたします。なお、書籍の在庫状況等により、お受けできない場合もございます。
また、各種本試験の実施の延期、中止を理由とした本書の返品はお受けいたしません。返金もいたしかねますので、あらかじめご了承くださいますようお願い申し上げます。

TACにおける個人情報の取り扱いについて
■お預かりした個人情報は、TAC(株)で管理させていただき、お問合せへの対応、当社の記録保管にのみ利用いたします。お客様の同意なしに業務委託先以外の第三者に開示、提供することはございません(法令等により開示を求められた場合を除く)。その他、個人情報保護管理者、お預かりした個人情報の開示等及びTAC(株)への個人情報の提供の任意性については、当社ホームページ(https://www.tac-school.co.jp)をご覧いただくか、個人情報に関するお問い合わせ窓口(E-mail:privacy@tac-school.co.jp)までお問合せください。

(2022年7月現在)